POOLSE WOORDENSCHAT
nieuwe woorden leren

T&P Books woordenlijsten zijn bedoeld om u te helpen vreemde woorden te leren, te onthouden, en te bestuderen. De woordenschat bevat meer dan 3000 veel gebruikte woorden die thematisch geordend zijn.

- De woordenlijst bevat de meest gebruikte woorden
- Aanbevolen als aanvulling bij welke taalcursus dan ook
- Voldoet aan de behoeften van de beginnende en gevorderde student in vreemde talen
- Geschikt voor dagelijks gebruik, bestudering en zelftestactiviteiten
- Maakt het mogelijk om uw woordenschat te evalueren

Bijzondere kenmerken van de woordenschat

- De woorden zijn gerangschikt naar hun betekenis, niet volgens alfabet
- De woorden worden weergegeven in drie kolommen om bestudering en zelftesten te vergemakkelijken
- Woorden in groepen worden verdeeld in kleine blokken om het leerproces te vergemakkelijken
- De woordenschat biedt een handige en eenvoudige beschrijving van elk buitenlands woord

De woordenschat bevat 101 onderwerpen zoals:

Basisconcepten, getallen, kleuren, maanden, seizoenen, meeteenheden, kleding en accessoires, eten & voeding, restaurant, familieleden, verwanten, karakter, gevoelens, emoties, ziekten, stad, dorp, bezienswaardigheden, winkelen, geld, huis, thuis, kantoor, werken op kantoor, import & export, marketing, werk zoeken, sport, onderwijs, computer, internet, gereedschap, natuur, landen, nationaliteiten en meer ...

INHOUDSOPGAVE

UITSPRAAKGIDS

Letter	Pools voorbeeld	T&P fonetisch alfabet	Nederlands voorbeeld

Klinkers

A a	fala	[a]	acht
Ą ą	są	[ɔ̃]	nasale [o]
E e	tekst	[ɛ]	elf, zwembad
Ę ę	pięć	[ɛ]	zwemmen, existeren
I i	niski	[i]	bidden, tint
O o	strona	[ɔ]	aankomst, bot
Ó ó	ołów	[u]	hoed, doe
U u	ulica	[u]	hoed, doe
Y y	stalowy	[ɪ]	iemand, die

Medeklinkers

B b	brew	[b]	hebben
C c	palec	[ts]	niets, plaats
Ć ć	haftować	[tɕ]	Tsjechië, cello
D d	modny	[d]	Dank u, honderd
F f	perfumy	[f]	feestdag, informeren
G g	zegarek	[g]	goal, tango
H h	handel	[h]	het, herhalen
J j	jajko	[j]	New York, januari
K k	krab	[k]	kennen, kleur
L l	mleko	[l]	delen, luchter
Ł ł	głodny	[w]	twee, willen
M m	guma	[m]	morgen, etmaal
N n	Indie	[n]	nemen, zonder
Ń ń	jesień	[ɲ]	cognac, nieuw
P p	poczta	[p]	parallel, koper
R r	portret	[r]	roepen, breken
S s	studnia	[s]	spreken, kosten
Ś ś	świat	[ɕ]	Chicago, jasje
T t	taniec	[t]	kaartje, turkoois
W w	wieczór	[v]	beloven, schrijven
Z z	zachód	[z]	zeven, zesde
Ź ź	żaba	[ʑ]	origineel, regime
Ż ż	żagiel	[ʒ]	journalist, rouge

Letter	Pools voorbeeld	T&P fonetisch alfabet	Nederlands voorbeeld

Lettercombinaties

Letter	Pools voorbeeld	T&P fonetisch alfabet	Nederlands voorbeeld
ch	ich, zachód	[h]	hitte, hypnose
ci	kwiecień	[tʃ]	cappuccino, Engels - 'cheese'
cz	czasami	[tʃ]	Tsjechië, cello
dz	dzbanek	[dz]	zeldzaam
dzi	dziecko	[dʑ]	jeans, bougie
dź	dźwig	[dʑ]	jeans, bougie
dż	dżinsy	[ʝ]	New York, januari
ni	niedziela	[ɲ]	cognac, nieuw
rz	orzech	[ʒ]	journalist, rouge
si	osiem	[ɕ]	Chicago, jasje
sz	paszport	[ʃ]	shampoo, machine
zi	zima	[ʑ]	origineel, regime

Opmerkingen

* Letters QQ, Vv, Xx alleen gebruikt in buitenlandse leenwoorden

AFKORTINGEN
gebruikt in de woordenschat

Nederlandse afkortingen

mann.	-	mannelijk
vrouw.	-	vrouwelijk
mv.	-	meervoud
on.ww.	-	onovergankelijk werkwoord
ov.ww.	-	overgankelijk werkwoord
bn	-	bijvoeglijk naamwoord
bw	-	bijwoord
abn	-	als bijvoeglijk naamwoord
bijv.	-	bijvoorbeeld
enz.	-	enzovoort
wisk.	-	wiskunde
enk.	-	enkelvoud
ov.	-	over
mil.	-	militair
vn	-	voornaamwoord
telb.	-	telbaar
form.	-	formele taal
ontelb.	-	ontelbaar
inform.	-	informele taal
vw	-	voegwoord
vz	-	voorzetsel
ww	-	werkwoord

Nederlandse artikelen

de	-	gemeenschappelijk geslacht
het	-	onzijdig
de/het	-	onzijdig, gemeenschappelijk geslacht

Poolse afkortingen

m	-	mannelijk zelfstandig naamwoord
ż	-	vrouwelijk zelfstandig naamwoord
n	-	onzijdig
l.mn.	-	meervoud
m, ż	-	mannelijk, vrouwelijk

m, l.mn.   -   mannelijk meervoud

ż, l.mn.   -   vrouwelijk meervoud

BASISBEGRIPPEN

1. Voornaamwoorden

ik	ja	[ja]
jij, je	ty	[ti]

hij	on	[ɔn]
zij, ze	ona	['ɔna]
het	ono	['ɔnɔ]

wij, we	my	[mɨ]
jullie	wy	[vɨ]
zij, ze	one	['ɔnɛ]

2. Begroetingen. Begroetingen

Hallo! Dag!	Dzień dobry!	[dʒeɲ 'dɔbrɨ]
Hallo!	Dzień dobry!	[dʒeɲ 'dɔbrɨ]
Goedemorgen!	Dzień dobry!	[dʒeɲ 'dɔbrɨ]
Goedemiddag!	Dzień dobry!	[dʒeɲ 'dɔbrɨ]
Goedenavond!	Dobry wieczór!	[dɔbrɨ 'vetʃur]

gedag zeggen (groeten)	witać się	['vitatʃ ɕɛ̃]
Hoi!	Cześć!	[tʃɛɕtʃ]
groeten (het)	pozdrowienia (l.mn.)	[pɔzdrɔ'veɲa]
verwelkomen (ww)	witać	['vitatʃ]
Hoe gaat het?	Jak się masz?	[jak ɕɛ̃ maʃ]
Is er nog nieuws?	Co nowego?	[tsɔ nɔ'vɛgɔ]

Dag! Tot ziens!	Do widzenia!	[dɔ vi'dzɛɲa]
Tot snel! Tot ziens!	Do zobaczenia!	[dɔ zɔbat'ʃɛɲa]
Vaarwel! (inform.)	Żegnaj!	['ʒɛgnaj]
Vaarwel! (form.)	Żegnam!	['ʒɛgnam]
afscheid nemen (ww)	żegnać się	['ʒɛgnatʃ ɕɛ̃]
Tot kijk!	Na razie!	[na 'raʒe]

Dank u!	Dziękuję!	[dʒɛ̃'kue]
Dank u wel!	Bardzo dziękuję!	[bardzɔ dʒɛ̃'kuɛ̃]
Graag gedaan	Proszę	['prɔʃɛ̃]
Geen dank!	To drobiazg	[tɔ 'drɔbɨazk]
Geen moeite.	Nie ma za co	['ne ma 'za tsɔ]

Excuseer me, ...	Przepraszam!	[pʃɛp'raʃam]
excuseren (verontschuldigen)	wybaczać	[vɨ'batʃatʃ]

zich verontschuldigen	przepraszać	[pʃɛp'raʃatʃ]
Mijn excuses.	Przepraszam!	[pʃɛp'raʃam]

Het spijt me!	Przepraszam!	[pʃɛp'raʃam]
vergeven (ww)	wybaczać	[vi'batʃatʃ]
alsjeblieft	proszę	['proʃɛ]

Vergeet het niet!	Nie zapomnijcie!	[ne zapɔm'nijtʃe]
Natuurlijk!	Oczywiście!	[ɔtʃi'victʃe]
Natuurlijk niet!	Oczywiście, że nie!	[ɔtʃivictʃe ʒɛ 'ne]
Akkoord!	Zgoda!	['zgɔda]
Zo is het genoeg!	Dosyć!	['dɔsitʃ]

3. Vragen

Wie?	Kto?	[ktɔ]
Wat?	Co?	[tsɔ]
Waar?	Gdzie?	[gdʒe]
Waarheen?	Dokąd?	['dɔkɔt]
Waar ... vandaan?	Skąd?	[skɔt]
Wanneer?	Kiedy?	['kedi]
Waarom?	Dlaczego?	[dʌat'ʃɛgɔ]
Waarom?	Czemu?	['tʃɛmu]

Waarvoor dan ook?	Do czego?	[dɔ 'tʃɛgɔ]
Hoe?	Jak?	[jak]
Wat voor ...?	Jaki?	['jaki]
Welk?	Który?	['kturi]

Over wie?	O kim?	['ɔ kim]
Waarover?	O czym?	['ɔ tʃim]
Met wie?	Z kim?	[s kim]

| Hoeveel? | Ile? | ['ile] |
| Van wie? (mann.) | Czyj? | [tʃij] |

4. Voorzetsels

met (bijv. ~ beleg)	z	[z]
zonder (~ accent)	bez	[bɛz]
naar (in de richting van)	do	[dɔ]
over (praten ~)	o	[ɔ]

| voor (in tijd) | przed | [pʃɛt] |
| voor (aan de voorkant) | przed | [pʃɛt] |

onder (lager dan)	pod	[pɔt]
boven (hoger dan)	nad	[nat]
op (bovenop)	na	[na]

| van (uit, afkomstig van) | z ... , ze ... | [z], [zɛ] |
| van (gemaakt van) | z ... , ze ... | [z], [zɛ] |

| over (bijv. ~ een uur) | za | [za] |
| over (over de bovenkant) | przez | [pʃɛs] |

5. Functiewoorden. Bijwoorden. Deel 1

Waar?	Gdzie?	[gdʒe]
hier (bw)	tu	[tu]
daar (bw)	tam	[tam]

| ergens (bw) | gdzieś | [gdʒeɕ] |
| nergens (bw) | nigdzie | ['nigdʒe] |

| bij ... (in de buurt) | koło, przy | ['kɔwɔ], [pʃɨ] |
| bij het raam | przy oknie | [pʃɨ 'ɔkne] |

Waarheen?	Dokąd?	['dɔkɔ̃t]
hierheen (bw)	tutaj	['tutaj]
daarheen (bw)	tam	[tam]
hiervandaan (bw)	stąd	[stɔ̃t]
daarvandaan (bw)	stamtąd	['stamtɔ̃t]

| dichtbij (bw) | blisko | ['bliskɔ] |
| ver (bw) | daleko | [da'lɛkɔ] |

in de buurt (van ...)	koło	['kɔwɔ]
vlakbij (bw)	obok	['ɔbɔk]
niet ver (bw)	niedaleko	[neda'lekɔ]

linker (bn)	lewy	['levɨ]
links (bw)	z lewej	[z 'levɛj]
linksaf, naar links (bw)	w lewo	[v 'levɔ]

rechter (bn)	prawy	['pravɨ]
rechts (bw)	z prawej	[s 'pravɛj]
rechtsaf, naar rechts (bw)	w prawo	[f 'pravɔ]

vooraan (bw)	z przodu	[s 'pʃɔdu]
voorste (bn)	przedni	['pʃɛdni]
vooruit (bw)	naprzód	['napʃut]

achter (bw)	z tyłu	[s 'tɨwu]
van achteren (bw)	od tyłu	[ɔt 'tɨwu]
achteruit (naar achteren)	do tyłu	[dɔ 'tɨwu]

| midden (het) | środek (m) | ['ɕrɔdɛk] |
| in het midden (bw) | w środku | [f 'ɕrɔdku] |

opzij (bw)	z boku	[z 'bɔku]
overal (bw)	wszędzie	['fʃɛdʒe]
omheen (bw)	dookoła	[dɔ:'kɔwa]

binnenuit (bw)	z wewnątrz	[z 'vɛvnɔ̃tʃ]
naar ergens (bw)	dokądś	['dɔkɔ̃tɕ]
rechtdoor (bw)	na wprost	['na fprɔst]
terug (bijv. ~ komen)	z powrotem	[s pɔv'rɔtɛm]
ergens vandaan (bw)	skądkolwiek	[skɔ̃t'kɔʎvek]
ergens vandaan	skądś	[skɔ̃tɕ]
(en dit geld moet ~ komen)		

ten eerste (bw)	po pierwsze	[pɔ 'perfʃɛ]
ten tweede (bw)	po drugie	[pɔ 'druge]
ten derde (bw)	po trzecie	[pɔ 'tʃɛtʃe]

plotseling (bw)	nagle	['nagle]
in het begin (bw)	na początku	[na pɔt'ʃɔtku]
voor de eerste keer (bw)	po raz pierwszy	[pɔ ras 'perfʃɨ]
lang voor ... (bw)	na długo przed ...	[na 'dwugɔ pʃɛt]
opnieuw (bw)	od nowa	[ɔd 'nɔva]
voor eeuwig (bw)	na zawsze	[na 'zafʃɛ]

nooit (bw)	nigdy	['nigdɨ]
weer (bw)	znowu	['znɔvu]
nu (bw)	teraz	['tɛras]
vaak (bw)	często	['tʃɛnstɔ]
toen (bw)	wtedy	['ftɛdɨ]
urgent (bw)	pilnie	['piʌne]
meestal (bw)	zwykle	['zvɨkle]

trouwens, ... (tussen haakjes)	a propos	[a prɔ'pɔ]
mogelijk (bw)	może, możliwe	['mɔʒɛ], [mɔʒ'livɛ]
waarschijnlijk (bw)	prawdopodobnie	[pravdɔpɔ'dɔbne]
misschien (bw)	być może	[bɨtʃ 'mɔʒɛ]
trouwens (bw)	poza tym	[pɔ'za tɨm]
daarom ...	dlatego	[dʌa'tɛgɔ]
in weerwil van ...	mimo że ...	['mimɔ ʒɛ]
dankzij ...	dzięki	['dʒɛ̃ki]

wat (vn)	co	[ʦɔ]
dat (vw)	że	[ʒɛ]
iets (vn)	coś	[ʦɔɕ]
iets	cokolwiek	[ʦɔ'kɔʌvek]
niets (vn)	nic	[niʦ]

wie (~ is daar?)	kto	[ktɔ]
iemand (een onbekende)	ktoś	[ktɔɕ]
iemand (een bepaald persoon)	ktokolwiek	[ktɔ'kɔʌvek]

niemand (vn)	nikt	[nikt]
nergens (bw)	nigdzie	['nigdʒe]
niemands (bn)	niczyj	['nitʃɨj]
iemands (bn)	czyjkolwiek	[tʃɨj'kɔʌvek]

zo (Ik ben ~ blij)	tak	[tak]
ook (evenals)	także	['tagʒɛ]
alsook (eveneens)	też	[tɛʃ]

6. Functiewoorden. Bijwoorden. Deel 2

Waarom?	Dlaczego?	[dʌat'ʃɛgɔ]
om een bepaalde reden	z jakiegoś powodu	[z ja'kegɔɕ pɔ'vɔdu]
omdat ...	dlatego, że ...	[dla'tɛgɔ], [ʒɛ]

voor een bepaald doel	po coś	['pɔ ʦɔɕ]
en (vw)	i	[i]
of (vw)	albo	['aʎbɔ]
maar (vw)	ale	['ale]
voor (vz)	dla	[dʎa]

te (~ veel mensen)	zbyt	[zbɨt]
alleen (bw)	tylko	['tiʎkɔ]
precies (bw)	dokładnie	[dɔk'wadne]
ongeveer (~ 10 kg)	około	[ɔ'kɔwɔ]

omstreeks (bw)	w przybliżeniu	[f pʃibli'ʒɛny]
bij benadering (bn)	przybliżony	[pʃibli'ʒɔni]
bijna (bw)	prawie	[prave]
rest (de)	reszta (ż)	['rɛʃta]

elk (bn)	każdy	['kaʒdi]
om het even welk	jakikolwiek	[jaki'kɔʎvjek]
veel (grote hoeveelheid)	dużo	['duʒɔ]
veel mensen	wiele	['vele]
iedereen (alle personen)	wszystkie	['fʃistke]

in ruil voor ...	w zamian za ...	[v 'zamʲan za]
in ruil (bw)	zamiast	['zamʲast]
met de hand (bw)	ręcznie	['rɛntʃne]
onwaarschijnlijk (bw)	ledwo, prawie	['ledvɔ], ['pravje]

waarschijnlijk (bw)	prawdopodobnie	[pravdɔpɔ'dɔbne]
met opzet (bw)	celowo	[ʦɛ'lovɔ]
toevallig (bw)	przypadkiem	[pʃi'patkem]

zeer (bw)	bardzo	['bardzɔ]
bijvoorbeeld (bw)	na przykład	[na 'pʃikwat]
tussen (~ twee steden)	między	['mendzi]
tussen (te midden van)	wśród	[fɕrut]
zoveel (bw)	aż tyle	[aʒ 'tile]
vooral (bw)	szczególnie	[ʃtʃɛ'guʎne]

GETALLEN. DIVERSEN

7. Kardinale getallen. Deel 1

nul	zero	['zɛrɔ]
een	jeden	['edɛn]
twee	dwa	[dva]
drie	trzy	[tʃi]
vier	cztery	['tʃtɛri]

vijf	pięć	[pɛ̃tʃ]
zes	sześć	[ʃɛɕtʃ]
zeven	siedem	['ɕedɛm]
acht	osiem	['ɔɕem]
negen	dziewięć	['dʒevɛ̃tʃ]

tien	dziesięć	['dʒeɕɛ̃tʃ]
elf	jedenaście	[edɛ'natʃe]
twaalf	dwanaście	[dva'natʃe]
dertien	trzynaście	[tʃi'natʃe]
veertien	czternaście	[tʃtɛr'natʃe]

vijftien	piętnaście	[pɛ̃t'natʃe]
zestien	szesnaście	[ʃɛs'natʃe]
zeventien	siedemnaście	[ɕedɛm'natʃe]
achttien	osiemnaście	[ɔɕem'natʃe]
negentien	dziewiętnaście	[dʒevɛ̃t'natʃe]

twintig	dwadzieścia	[dva'dʒeɕtʃa]
eenentwintig	dwadzieścia jeden	[dva'dʒeɕtʃa 'edɛn]
tweeëntwintig	dwadzieścia dwa	[dva'dʒeɕtʃa dva]
drieëntwintig	dwadzieścia trzy	[dva'dʒeɕtʃa tʃi]

dertig	trzydzieści	[tʃi'dʒeɕtʃi]
eenendertig	trzydzieści jeden	[tʃi'dʒeɕtʃi 'edɛn]
tweeëndertig	trzydzieści dwa	[tʃi'dʒeɕtʃi dva]
drieëndertig	trzydzieści trzy	[tʃi'dʒeɕtʃi tʃi]

veertig	czterdzieści	[tʃtɛr'dʒeɕtʃi]
eenenveertig	czterdzieści jeden	[tʃtɛr'dʒeɕtʃi 'edɛn]
tweeënveertig	czterdzieści dwa	[tʃtɛr'dʒeɕtʃi dva]
drieënveertig	czterdzieści trzy	[tʃtɛr'dʒeɕtʃi tʃi]

vijftig	pięćdziesiąt	[pɛ̃'dʒeɕɔ̃t]
eenenvijftig	pięćdziesiąt jeden	[pɛ̃'dʒeɕɔ̃t 'edɛn]
tweeënvijftig	pięćdziesiąt dwa	[pɛ̃'dʒeɕɔ̃t dva]
drieënvijftig	pięćdziesiąt trzy	[pɛ̃'dʒeɕɔ̃t tʃi]

| zestig | sześćdziesiąt | [ʃɛɕ'dʒeɕɔ̃t] |
| eenenzestig | sześćdziesiąt jeden | [ʃɛɕ'dʒeɕɔ̃t 'edɛn] |

| tweeënzestig | ześćdziesiąt dwa | [ʃɛɕ'dʑeɕɔ̃t dva] |
| drieënzestig | sześćdziesiąt trzy | [ʃɛɕ'dʑeɕɔ̃t tʃi] |

zeventig	siedemdziesiąt	[ɕedɛm'dʑeɕɔ̃t]
eenenzeventig	siedemdziesiąt jeden	[ɕedɛm'dʑeɕɔ̃t 'edɛn]
tweeënzeventig	siedemdziesiąt dwa	[ɕedɛm'dʑeɕɔ̃t dva]
drieënzeventig	siedemdziesiąt trzy	[ɕedɛm'dʑeɕɔ̃t tʃi]

tachtig	osiemdziesiąt	[ɔɕem'dʑeɕɔ̃t]
eenentachtig	osiemdziesiąt jeden	[ɔɕem'dʑeɕɔ̃t 'edɛn]
tweeëntachtig	osiemdziesiąt dwa	[ɔɕem'dʑeɕɔ̃t dva]
drieëntachtig	osiemdziesiąt trzy	[ɔɕem'dʑeɕɔ̃t tʃi]

negentig	dziewięćdziesiąt	[dʑevɛ̃'dʑeɕɔ̃t]
eenennegentig	dziewięćdziesiąt jeden	[dʑevɛ̃'dʑeɕɔ̃t edɛn]
tweeënnegentig	dziewięćdziesiąt dwa	[dʑevɛ̃'dʑeɕɔ̃t dva]
drieënnegentig	dziewięćdziesiąt trzy	[dʑevɛ̃'dʑeɕɔ̃t tʃi]

8. Kardinale getallen. Deel 2

honderd	sto	[stɔ]
tweehonderd	dwieście	['dveɕtɕe]
driehonderd	trzysta	['tʃista]
vierhonderd	czterysta	['tʃtɛrista]
vijfhonderd	pięćset	['pɛ̃tʃsɛt]

zeshonderd	sześćset	['ʃɛɕtʃsɛt]
zevenhonderd	siedemset	['ɕedɛmsɛt]
achthonderd	osiemset	[ɔ'ɕemsɛt]
negenhonderd	dziewięćset	['dʑevɛ̃tʃsɛt]

duizend	tysiąc	['tiɕɔ̃ts]
tweeduizend	dwa tysiące	[dva tiɕɔ̃tsɛ]
drieduizend	trzy tysiące	[tʃi tiɕɔ̃tsɛ]
tienduizend	dziesięć tysięcy	['dʑeɕɛ̃tʃ ti'ɕentsi]
honderdduizend	sto tysięcy	[stɔ ti'ɕentsi]
miljoen (het)	milion	['miʎjɔn]
miljard (het)	miliard	['miʎjart]

9. Ordinale getallen

eerste (bn)	pierwszy	['perfʃi]
tweede (bn)	drugi	['drugi]
derde (bn)	trzeci	['tʃetʃi]
vierde (bn)	czwarty	['tʃfarti]
vijfde (bn)	piąty	['pɔ̃ti]

zesde (bn)	szósty	['ʃusti]
zevende (bn)	siódmy	['ɕudmi]
achtste (bn)	ósmy	['usmi]
negende (bn)	dziewiąty	[dʑevɔ̃ti]
tiende (bn)	dziesiąty	[dʑeɕɔ̃ti]

KLEUREN. MEETEENHEDEN

10. Kleuren

kleur (de)	kolor (m)	['kɔlɜr]
tint (de)	odcień (m)	['ɔʧeɲ]
kleurnuance (de)	ton (m)	[tɔn]
regenboog (de)	tęcza (ż)	['tɛnʧa]
wit (bn)	biały	['bʲawi]
zwart (bn)	czarny	['ʧarni]
grijs (bn)	szary	['ʃari]
groen (bn)	zielony	[ʒe'lɜni]
geel (bn)	żółty	['ʒuwti]
rood (bn)	czerwony	[ʧɛr'vɔni]
blauw (bn)	ciemny niebieski	['ʧɛmni ne'beski]
lichtblauw (bn)	niebieski	[ne'beski]
roze (bn)	różowy	[ru'ʒɔvi]
oranje (bn)	pomarańczowy	[pɔmaraɲt'ʃɔvi]
violet (bn)	fioletowy	[fʲɔle'tɔvi]
bruin (bn)	brązowy	[brɔ̃'zɔvi]
goud (bn)	złoty	['zwɔti]
zilverkleurig (bn)	srebrzysty	[srɛb'ʒisti]
beige (bn)	beżowy	[bɛ'ʒɔvi]
roomkleurig (bn)	kremowy	[krɛ'mɔvi]
turkoois (bn)	turkusowy	[turku'sɔvi]
kersrood (bn)	wiśniowy	[viɕ'nɜvi]
lila (bn)	liliowy	[li'ʎɔvi]
karmijnrood (bn)	malinowy	[mali'nɔvi]
licht (bn)	jasny	['jasni]
donker (bn)	ciemny	['ʧemni]
fel (bn)	jasny	['jasni]
kleur-, kleurig (bn)	kolorowy	[kɔlɜ'rɔvi]
kleuren- (abn)	kolorowy	[kɔlɜ'rɔvi]
zwart-wit (bn)	czarno-biały	['ʧarnɔ 'bʲawi]
eenkleurig (bn)	jednokolorowy	['ednɔkɔlɜ'rɔvi]
veelkleurig (bn)	różnokolorowy	['ruʒnɔkɔlɜ'rɔvi]

11. Meeteenheden

gewicht (het)	ciężar (m)	['ʧenʒar]
lengte (de)	długość (ż)	['dwugɔɕʧ]

breedte (de)	szerokość (z)	[ʃɛ'rɔkɔɕtʃ]
hoogte (de)	wysokość (z)	[vɨ'sɔkɔɕtʃ]
diepte (de)	głębokość (z)	[gwɛ̃'bɔkɔɕtʃ]
volume (het)	objętość (z)	[ɔbʰ'entɔɕtʃ]
oppervlakte (de)	powierzchnia (z)	[pɔ'veʃhɲa]

gram (het)	gram (m)	[gram]
milligram (het)	miligram (m)	[mi'ligram]
kilogram (het)	kilogram (m)	[ki'lɔgram]
ton (duizend kilo)	tona (z)	['tɔna]
pond (het)	funt (m)	[funt]
ons (het)	uncja (z)	['unʦʰja]

meter (de)	metr (m)	[mɛtr]
millimeter (de)	milimetr (m)	[mi'limɛtr]
centimeter (de)	centymetr (m)	[ʦɛn'timɛtr]
kilometer (de)	kilometr (m)	[ki'lɔmɛtr]
mijl (de)	mila (z)	['miʎa]

duim (de)	cal (m)	[ʦaʎ]
voet (de)	stopa (z)	['stɔpa]
yard (de)	jard (m)	['jart]

| vierkante meter (de) | metr (m) kwadratowy | [mɛtr kfadra'tɔvɨ] |
| hectare (de) | hektar (m) | ['hɛktar] |

liter (de)	litr (m)	[litr]
graad (de)	stopień (m)	['stɔpeɲ]
volt (de)	wolt (m)	[vɔʎt]
ampère (de)	amper (m)	[am'pɛr]
paardenkracht (de)	koń (m) mechaniczny	[kɔɲ mɛha'nitʃnɨ]

hoeveelheid (de)	ilość (z)	['ilɔɕtʃ]
een beetje ...	niedużo ...	[ne'duʒɔ]
helft (de)	połowa (z)	[pɔ'wova]
dozijn (het)	tuzin (m)	['tuʒin]
stuk (het)	sztuka (z)	['ʃtuka]

| afmeting (de) | rozmiar (m) | ['rɔzmʲar] |
| schaal (bijv. ~ van 1 op 50) | skala (z) | ['skaʎa] |

minimaal (bn)	minimalny	[mini'maʎnɨ]
minste (bn)	najmniejszy	[najm'nejʃɨ]
medium (bn)	średni	['ɕrɛdni]
maximaal (bn)	maksymalny	[maksɨ'maʎnɨ]
grootste (bn)	największy	[naj'veŋkʃɨ]

12. Containers

glazen pot (de)	słoik (m)	['swɔik]
blik (conserven~)	puszka (z)	['puʃka]
emmer (de)	wiadro (n)	['vʲadrɔ]
ton (bijv. regenton)	beczka (z)	['bɛtʃka]
ronde waterbak (de)	miednica (z)	[med'nitsa]

tank (bijv. watertank-70-ltr)	zbiornik (m)	['zbɔrnik]
heupfles (de)	piersiówka (ż)	[per'ɕyvka]
jerrycan (de)	kanister (m)	[ka'nistɛr]
tank (bijv. ketelwagen)	cysterna (ż)	[tsɨs'tɛrna]

beker (de)	kubek (m)	['kubɛk]
kopje (het)	filiżanka (ż)	[fili'ʒaŋka]
schoteltje (het)	spodek (m)	['spɔdɛk]
glas (het)	szklanka (ż)	['ʃkʎaŋka]
wijnglas (het)	kielich (m)	['kelih]
steelpan (de)	garnek (m)	['garnɛk]

fles (de)	butelka (ż)	[bu'tɛʎka]
flessenhals (de)	szyjka (ż)	['ʃɨjka]

karaf (de)	karafka (ż)	[ka'rafka]
kruik (de)	dzbanek (m)	['dzbanɛk]
vat (het)	naczynie (n)	[nat'ʃine]
pot (de)	garnek (m)	['garnɛk]
vaas (de)	wazon (m)	['vazɔn]

flacon (de)	flakon (m)	[fʎa'kɔn]
flesje (het)	fiolka (ż)	[fʰɔʎka]
tube (bijv. ~ tandpasta)	tubka (ż)	['tupka]

zak (bijv. ~ aardappelen)	worek (m)	['vɔrɛk]
tasje (het)	torba (ż)	['tɔrba]
pakje (~ sigaretten, enz.)	paczka (ż)	['patʃka]

doos (de)	pudełko (n)	[pu'dɛwkɔ]
kist (de)	skrzynka (ż)	['skʃɨŋka]
mand (de)	koszyk (m)	['kɔʃɨk]

BELANGRIJKSTE WERKWOORDEN

13. De belangrijkste werkwoorden. Deel 1

aanbevelen (ww)	polecać	[pɔ'lɛtsatɕ]
aandringen (ww)	nalegać	[na'lɛgatɕ]
aankomen (per auto, enz.)	przyjeżdżać	[pʃi'ɛʒdʒatɕ]
aanraken (ww)	dotykać	[dɔ'tikatɕ]
adviseren (ww)	radzić	['radʑitɕ]

afdalen (on.ww.)	schodzić	['shɔdʑitɕ]
afslaan (naar rechts ~)	skręcać	['skrɛntsatɕ]
antwoorden (ww)	odpowiadać	[ɔtpɔ'vʲadatɕ]
bang zijn (ww)	bać się	[batɕ ɕɛ̃]
bedreigen	grozić	['grɔʑitɕ]
(bijv. met een pistool)		

bedriegen (ww)	oszukiwać	[ɔʃu'kivatɕ]
beëindigen (ww)	kończyć	['kɔɲtʃitɕ]
beginnen (ww)	rozpoczynać	[rɔspɔt'ʃinatɕ]
begrijpen (ww)	rozumieć	[rɔ'zumɛtɕ]
beheren (managen)	kierować	[ke'rɔvatɕ]

beledigen	znieważać	[zne'vaʒatɕ]
(met scheldwoorden)		
beloven (ww)	obiecać	[ɔ'bɛtsatɕ]
bereiden (koken)	gotować	[gɔ'tɔvatɕ]
bespreken (spreken over)	omawiać	[ɔ'mavʲatɕ]

bestellen (eten ~)	zamawiać	[za'mavʲatɕ]
bestraffen (een stout kind ~)	karać	['karatɕ]
betalen (ww)	płacić	['pwatɕitɕ]
betekenen (beduiden)	znaczyć	['znatʃitɕ]
betreuren (ww)	żałować	[ʒa'wɔvatɕ]

bevallen (prettig vinden)	podobać się	[pɔ'dɔbatɕ ɕɛ̃]
bevelen (mil.)	rozkazywać	[rɔska'zivatɕ]
bevrijden (stad, enz.)	wyzwalać	[viz'vaʎatɕ]
bewaren (ww)	zachowywać	[zaxɔ'vivatɕ]
bezitten (ww)	posiadać	[pɔ'ɕadatɕ]

bidden (praten met God)	modlić się	['mɔdlitɕ ɕɛ̃]
binnengaan (een kamer ~)	wchodzić	['fhɔdʑitɕ]
breken (ww)	psuć	[psutɕ]
controleren (ww)	kontrolować	[kɔntrɔ'lɔvatɕ]
creëren (ww)	stworzyć	['stfɔʒitɕ]

deelnemen (ww)	uczestniczyć	[utʃɛst'nitʃitɕ]
denken (ww)	myśleć	['miɕlɛtɕ]
doden (ww)	zabijać	[za'bijatɕ]

doen (ww)	robić	['rɔbitʃ]
dorst hebben (ww)	chcieć pić	[htʃetʃ pitʃ]

14. De belangrijkste werkwoorden. Deel 2

een hint geven	czynić aluzje	['tʃinitʃ a'lyzʰe]
eisen (met klem vragen)	zażądać	[za'ʒõdatʃ]
existeren (bestaan)	istnieć	['istnetʃ]
gaan (te voet)	iść	[ictʃ]

gaan zitten (ww)	siadać	['çadatʃ]
gaan zwemmen	kąpać się	['kõpatʃ çɛ̃]
geven (ww)	dawać	['davatʃ]
glimlachen (ww)	uśmiechać się	[uç'mehatʃ çɛ̃]
goed raden (ww)	odgadnąć	[ɔd'gadnõtʃ]

grappen maken (ww)	żartować	[ʒar'tɔvatʃ]
graven (ww)	kopać	['kɔpatʃ]

hebben (ww)	mieć	[metʃ]
helpen (ww)	pomagać	[pɔ'magatʃ]
herhalen (opnieuw zeggen)	powtarzać	[pɔf'taʒatʃ]
honger hebben (ww)	chcieć jeść	[htʃetʃ ectʃ]
hopen (ww)	mieć nadzieję	[metʃ na'dʒeɛ̃]
horen	słyszeć	['swiʃɛtʃ]
(waarnemen met het oor)		
huilen (wenen)	płakać	['pwakatʃ]
huren (huis, kamer)	wynajmować	[vinaj'mɔvatʃ]
informeren (informatie geven)	informować	[infɔr'mɔvatʃ]

instemmen (akkoord gaan)	zgadzać się	['zgadzatʃ çɛ̃]
jagen (ww)	polować	[pɔ'lɔvatʃ]
kennen (kennis hebben van iemand)	znać	[znatʃ]
kiezen (ww)	wybierać	[vi'beratʃ]
klagen (ww)	skarżyć się	['skarʒitʃ çɛ̃]

kosten (ww)	kosztować	[kɔʃ'tɔvatʃ]
kunnen (ww)	móc	[muts]
lachen (ww)	śmiać się	['çmiatʃ çɛ̃]
laten vallen (ww)	upuszczać	[u'puʃtʃatʃ]
lezen (ww)	czytać	['tʃitatʃ]

liefhebben (ww)	kochać	['kɔhatʃ]
lunchen (ww)	jeść obiad	[ectʃ 'ɔbiat]
nemen (ww)	brać	[bratʃ]
nodig zijn (ww)	być potrzebnym	[bitʃ pɔt'ʃɛbnim]

15. De belangrijkste werkwoorden. Deel 3

onderschatten (ww)	nie doceniać	[nedɔ'tsɛnatʃ]
ondertekenen (ww)	podpisywać	[pɔtpi'sivatʃ]

ontbijten (ww)	jeść śniadanie	[eɕʨ ɕɲa'dane]
openen (ww)	otwierać	[ɔt'feraʨ]
ophouden (ww)	przestawać	[pʃɛs'tavaʨ]
opmerken (zien)	zauważać	[zau'vaʒaʨ]

opscheppen (ww)	chwalić się	['hfaliʨ ɕɛ̃]
opschrijven (ww)	zapisywać	[zapi'sivaʨ]
plannen (ww)	planować	[pʎa'nɔvaʨ]
prefereren (verkiezen)	woleć	['vɔleʨ]
proberen (trachten)	próbować	[pru'bɔvaʨ]
redden (ww)	ratować	[ra'tɔvaʨ]

rekenen op ...	liczyć na ...	['liʧiʨ na]
rennen (ww)	biec	[beʦ]
reserveren	rezerwować	[rɛzɛr'vɔvaʨ]
(een hotelkamer ~)		
roepen (om hulp)	wołać	['vɔwaʨ]
schieten (ww)	strzelać	['stʃɛʎaʨ]
schreeuwen (ww)	krzyczeć	['kʃiʧɛʨ]

schrijven (ww)	pisać	['pisaʨ]
souperen (ww)	jeść kolację	[eɕʨ kɔ'ʎaʦ h ɛ̃]
spelen (kinderen)	grać	[graʨ]
spreken (ww)	rozmawiać	[rɔz'mavʲaʨ]
stelen (ww)	kraść	[kraɕʨ]
stoppen (pauzeren)	zatrzymywać się	[zaʧi'mivaʨ ɕɛ̃]

studeren (Nederlands ~)	studiować	[stud h ɔvaʨ]
sturen (zenden)	wysyłać	[vi'siwaʨ]
tellen (optellen)	liczyć	['liʧiʨ]
toebehoren ...	należeć	[na'leʒɛʨ]
toestaan (ww)	zezwalać	[zɛz'vaʎaʨ]
tonen (ww)	pokazywać	[pɔka'zivaʨ]

twijfelen (onzeker zijn)	wątpić	['võtpiʨ]
uitgaan (ww)	wychodzić	[vi'hɔʥiʨ]
uitnodigen (ww)	zapraszać	[zap'raʃaʨ]
uitspreken (ww)	wymawiać	[vi'mavʲaʨ]
uitvaren tegen (ww)	besztać	['bɛʃtaʨ]

16. De belangrijkste werkwoorden. Deel 4

vallen (ww)	spadać	['spadaʨ]
vangen (ww)	łowić	['wɔviʨ]
veranderen (anders maken)	zmienić	['zmeniʨ]
verbaasd zijn (ww)	dziwić się	['ʥiviʨ ɕɛ̃]
verbergen (ww)	chować	['hɔvaʨ]

verdedigen (je land ~)	bronić	['brɔniʨ]
verenigen (ww)	łączyć	['wõʧiʨ]
vergelijken (ww)	porównywać	[pɔruv'nivaʨ]
vergeten (ww)	zapominać	[zapɔ'minaʨ]
vergeven (ww)	przebaczać	[pʃɛ'baʧaʨ]
verklaren (uitleggen)	objaśniać	[ɔb h ʲjaɕɲaʨ]

verkopen (per stuk ~)	sprzedawać	[spʃɛ'davaʈ]
vermelden (praten over)	wspominać	[fspɔ'minaʈ]
versieren (decoreren)	ozdabiać	[ɔz'dabʲaʈ]
vertalen (ww)	tłumaczyć	[twu'matʃiʈ]

vertrouwen (ww)	ufać	['ufaʈ]
vervolgen (ww)	kontynuować	[kɔntinu'ɔvaʈ]
verwarren (met elkaar ~)	mylić	['miliʈ]
verzoeken (ww)	prosić	['prɔɕiʈ]
verzuimen (school, enz.)	opuszczać	[ɔ'puʃʈʃaʈ]

vinden (ww)	znajdować	[znaj'dɔvaʈ]
vliegen (ww)	lecieć	['leʈʃeʈ]
volgen (ww)	podążać	[pɔ'dɔ̃ʒaʈ]
voorstellen (ww)	proponować	[prɔpɔ'nɔvaʈ]
voorzien (verwachten)	przewidzieć	[pʃɛ'vidʑeʈ]
vragen (ww)	pytać	['pitaʈ]

waarnemen (ww)	obserwować	[ɔbsɛr'vɔvaʈ]
waarschuwen (ww)	ostrzegać	[ɔst'ʃɛgaʈ]
wachten (ww)	czekać	['ʈʃɛkaʈ]
weerspreken (ww)	sprzeciwiać się	[spʃɛ'ʈʃivʲaʈ ɕɛ̃]
weigeren (ww)	odmawiać	[ɔd'mavʲaʈ]

werken (ww)	pracować	[pra'tsɔvaʈ]
weten (ww)	wiedzieć	['vedʑeʈ]
willen (verlangen)	chcieć	[htʃeʈ]
zeggen (ww)	powiedzieć	[pɔ'vedʑeʈ]
zich haasten (ww)	śpieszyć się	['ɕpeʃiʈʃ ɕɛ̃]

zich interesseren voor ...	interesować się	[intɛrɛ'sɔvaʈ ɕɛ̃]
zich vergissen (ww)	mylić się	['miliʈ ɕɛ̃]
zich verontschuldigen	przepraszać	[pʃɛp'raʃaʈ]
zien (ww)	widzieć	['vidʑeʈ]

zijn (ww)	być	[biʈ]
zoeken (ww)	szukać	['ʃukaʈ]
zwemmen (ww)	pływać	['pwivaʈ]
zwijgen (ww)	milczeć	['miʌʈʃeʈ]

TIJD. KALENDER

17. Dagen van de week

maandag (de)	poniedziałek (m)	[pɔne'dʒⁱawɛk]
dinsdag (de)	wtorek (m)	['ftɔrɛk]
woensdag (de)	środa (z)	['ɕrɔda]
donderdag (de)	czwartek (m)	['ʧfartɛk]
vrijdag (de)	piątek (m)	[põtɛk]
zaterdag (de)	sobota (z)	[sɔ'bɔta]
zondag (de)	niedziela (z)	[ne'dʑeʎa]

vandaag (bw)	dzisiaj	['dʑiɕaj]
morgen (bw)	jutro	['jutrɔ]
overmorgen (bw)	pojutrze	[pɔ'jutʃɛ]
gisteren (bw)	wczoraj	['fʧɔraj]
eergisteren (bw)	przedwczoraj	[pʃɛtft'ʃɔraj]

dag (de)	dzień (m)	[dʑeɲ]
werkdag (de)	dzień (m) roboczy	[dʑeɲ rɔ'bɔʧⁱ]
feestdag (de)	dzień (m) świąteczny	[dʑeɲ ɕfɔ̃'tɛʧnⁱ]
verlofdag (de)	dzień (m) wolny	[dʑeɲ 'vɔʎnⁱ]
weekend (het)	weekend (m)	[u'ikɛnt]

de hele dag (bw)	cały dzień	['ʦawⁱ dʑeɲ]
de volgende dag (bw)	następnego dnia	[nastɛ̃p'nɛgɔ dɲa]
twee dagen geleden	dwa dni temu	[dva dni 'tɛmu]
aan de vooravond (bw)	w przeddzień	[f 'pʃɛddʑeɲ]
dag-, dagelijks (bn)	codzienny	[ʦɔ'dʑeɲⁱ]
elke dag (bw)	codziennie	[ʦɔ'dʑeɲe]

week (de)	tydzień (m)	['tⁱdʑeɲ]
vorige week (bw)	w zeszłym tygodniu	[v 'zɛʃwⁱm tⁱ'gɔdny]
volgende week (bw)	w następnym tygodniu	[v nas'tɛ̃pnⁱm tⁱ'gɔdny]
wekelijks (bn)	tygodniowy	[tⁱgɔd'nɔvⁱ]
elke week (bw)	co tydzień	[ʦɔ tⁱ'dʑɛɲ]
twee keer per week	dwa razy w tygodniu	[dva 'razⁱ v tⁱ'gɔdny]
elke dinsdag	co wtorek	[ʦɔ 'ftɔrek]

18. Uren. Dag en nacht

morgen (de)	ranek (m)	['ranɛk]
's morgens (bw)	rano	['ranɔ]
middag (de)	południe (n)	[pɔ'wudne]
's middags (bw)	po południu	[pɔ pɔ'wudny]

| avond (de) | wieczór (m) | ['vetʃur] |
| 's avonds (bw) | wieczorem | [vet'ʃɔrɛm] |

nacht (de)	noc (ż)	[nɔts]
's nachts (bw)	w nocy	[v 'nɔtsɨ]
middernacht (de)	północ (ż)	['puwnɔts]

seconde (de)	sekunda (ż)	[sɛ'kunda]
minuut (de)	minuta (ż)	[mi'nuta]
uur (het)	godzina (ż)	[gɔ'dʑina]
halfuur (het)	pół godziny	[puw gɔ'dʑinɨ]
kwartier (het)	kwadrans (m)	['kfadrans]
vijftien minuten	piętnaście minut	[pɛ̃t'naɕtɕe 'minut]
etmaal (het)	doba (ż)	['dɔba]

zonsopgang (de)	wschód (m) słońca	[fshut 'swɔɲtsa]
dageraad (de)	świt (m)	[ɕfit]
vroege morgen (de)	wczesny ranek (m)	['ftʃɛsnɨ 'ranɛk]
zonsondergang (de)	zachód (m)	['zahut]

's morgens vroeg (bw)	wcześnie rano	['ftʃɛɕne 'ranɔ]
vanmorgen (bw)	dzisiaj rano	['dʑiɕaj 'ranɔ]
morgenochtend (bw)	jutro rano	['jutrɔ 'ranɔ]

vanmiddag (bw)	dzisiaj w dzień	['dʑiɕaj v dʑeɲ]
's middags (bw)	po południu	[pɔ pɔ'wudny]
morgenmiddag (bw)	jutro popołudniu	[jutrɔ pɔpɔ'wudny]

vanavond (bw)	dzisiaj wieczorem	[dʑiɕaj vet'ʃɔrɛm]
morgenavond (bw)	jutro wieczorem	['jutrɔ vet'ʃɔrɛm]

klokslag drie uur	równo o trzeciej	['ruvnɔ ɔ 'tʃɛtʃej]
ongeveer vier uur	około czwartej	[ɔ'kɔwɔ 'tʃfartɛj]
tegen twaalf uur	na dwunastą	[na dvu'nastɔ̃]

over twintig minuten	za dwadzieścia minut	[za dva'dʑeɕtɕ'a 'minut]
over een uur	za godzinę	[za gɔ'dʑinɛ̃]
op tijd (bw)	na czas	[na tʃas]

kwart voor ...	za kwadrans	[za 'kfadrans]
binnen een uur	w ciągu godziny	[f tɕɔ̃gu gɔ'dʑinɨ]
elk kwartier	co piętnaście minut	[tsɔ pɛ̃t'naɕtɕe 'minut]
de klok rond	całą dobę	['tsawɔ̃ 'dɔbɛ̃]

19. Maanden. Seizoenen

januari (de)	styczeń (m)	['stɨtʃɛɲ]
februari (de)	luty (m)	['lytɨ]
maart (de)	marzec (m)	['maʒɛts]
april (de)	kwiecień (m)	['kfetʃeɲ]
mei (de)	maj (m)	[maj]
juni (de)	czerwiec (m)	['tʃɛrvets]

juli (de)	lipiec (m)	['lipets]
augustus (de)	sierpień (m)	['ɕerpeɲ]
september (de)	wrzesień (m)	['vʒɛɕeɲ]
oktober (de)	październik (m)	[paʑ'dʑernik]

27

| november (de) | listopad (m) | [lis'tɔpat] |
| december (de) | grudzień (m) | ['grudʒeɲ] |

lente (de)	wiosna (z)	['vɜsna]
in de lente (bw)	wiosną	['vɜsnɔ̃]
lente- (abn)	wiosenny	[vɜ'sɛɲi]

zomer (de)	lato (n)	['ʎatɔ]
in de zomer (bw)	latem	['ʎatɛm]
zomer-, zomers (bn)	letni	['letni]

herfst (de)	jesień (z)	['eɕeɲ]
in de herfst (bw)	jesienią	[e'ɕenɔ̃]
herfst- (abn)	jesienny	[e'ɕeɲi]

winter (de)	zima (z)	['ʒima]
in de winter (bw)	zimą	['ʒimɔ̃]
winter- (abn)	zimowy	[ʒi'mɔvi]

maand (de)	miesiąc (m)	['meɕɔ̃ts]
deze maand (bw)	w tym miesiącu	[f tim me'ɕɔ̃tsu]
volgende maand (bw)	w przyszłym miesiącu	[v 'pʃisʃwim me'ɕɔ̃tsu]
vorige maand (bw)	w zeszłym miesiącu	[v 'zɛʃwim me'ɕɔ̃tsu]

een maand geleden (bw)	miesiąc temu	['meɕɔ̃ts 'tɛmu]
over een maand (bw)	za miesiąc	[za 'meɕɔ̃ts]
over twee maanden (bw)	za dwa miesiące	[za dva me'ɕɔ̃tse]
de hele maand (bw)	przez cały miesiąc	[pʃɛs 'tsawɨ 'meɕɔ̃ts]
een volle maand (bw)	cały miesiąc	['tsawɨ 'meɕɔ̃ts]

maand-, maandelijks (bn)	comiesięczny	[tsome'ɕentʃni]
maandelijks (bw)	comiesięcznie	[tsome'ɕentʃne]
elke maand (bw)	co miesiąc	[tsɔ 'meɕɔ̃ts]
twee keer per maand	dwa razy w miesiącu	[dva 'razɨ v meɕɔ̃tsu]

jaar (het)	rok (m)	[rɔk]
dit jaar (bw)	w tym roku	[f tim 'rɔku]
volgend jaar (bw)	w przyszłym roku	[v 'pʃisʃwim 'rɔku]
vorig jaar (bw)	w zeszłym roku	[v 'zɛʃwim 'rɔku]

een jaar geleden (bw)	rok temu	[rɔk 'tɛmu]
over een jaar	za rok	[za rɔk]
over twee jaar	za dwa lata	[za dva 'ʎata]
het hele jaar	cały rok	['tsawɨ rɔk]
een vol jaar	cały rok	['tsawɨ rɔk]

elk jaar	co roku	[tsɔ 'rɔku]
jaar-, jaarlijks (bn)	coroczny	[tsɔ'rɔtʃni]
jaarlijks (bw)	corocznie	[tsɔ'rɔtʃne]
4 keer per jaar	cztery razy w roku	['tʃtɛrɨ 'razɨ v 'rɔku]

datum (de)	data (z)	['data]
datum (de)	data (z)	['data]
kalender (de)	kalendarz (m)	[ka'lendaʃ]
een half jaar	pół roku	[puw 'rɔku]
zes maanden	półrocze (n)	[puw'rɔtʃɛ]

seizoen (bijv. lente, zomer)	**sezon** (m)	['sɛzɔn]
eeuw (de)	**wiek** (m)	[vek]

REIZEN. HOTEL

20. Trip. Reizen

toerisme (het)	turystyka (ż)	[tu'ristika]
toerist (de)	turysta (m)	[tu'rista]
reis (de)	podróż (ż)	['podruʃ]
avontuur (het)	przygoda (ż)	[pʃi'goda]
tocht (de)	podróż (ż)	['podruʃ]
vakantie (de)	urlop (m)	['urlɔp]
met vakantie zijn	być na urlopie	[bitʃ na ur'lɔpe]
rust (de)	wypoczynek (m)	[vipot'ʃinɛk]
trein (de)	pociąg (m)	['pɔtʃɔ̃k]
met de trein	pociągiem	[pɔtʃɔ̃gem]
vliegtuig (het)	samolot (m)	[sa'mɔlɔt]
met het vliegtuig	samolotem	[samɔ'lɔtɛm]
met de auto	samochodem	[samɔ'hɔdɛm]
per schip (bw)	statkiem	['statkem]
bagage (de)	bagaż (m)	['bagaʃ]
valies (de)	walizka (ż)	[va'liska]
bagagekarretje (het)	wózek (m) bagażowy	['vuzɛk baga'ʒɔvi]
paspoort (het)	paszport (m)	['paʃpɔrt]
visum (het)	wiza (ż)	['viza]
kaartje (het)	bilet (m)	['bilet]
vliegticket (het)	bilet (m) lotniczy	['bilet lɔt'nitʃi]
reisgids (de)	przewodnik (m)	[pʃɛ'vɔdnik]
kaart (de)	mapa (ż)	['mapa]
gebied (landelijk ~)	miejscowość (ż)	[mejs'tsɔvɔçtʃ]
plaats (de)	miejsce (n)	['mejstsɛ]
exotische bestemming (de)	egzotyka (ż)	[ɛg'zɔtika]
exotisch (bn)	egzotyczny	[ɛgzɔ'titʃni]
verwonderlijk (bn)	zadziwiający	[zadʒivjaɔ̃tsi]
groep (de)	grupa (ż)	['grupa]
rondleiding (de)	wycieczka (ż)	[vi'tʃetʃka]
gids (de)	przewodnik (ż)	[pʃɛ'vɔdnik]

21. Hotel

hotel (het)	hotel (m)	['hotɛʎ]
motel (het)	motel (m)	['motɛʎ]
3-sterren	trzy gwiazdki	[tʃi 'gvʲaztki]

| 5-sterren | pięć gwiazdek | [pɛ̃tʃ 'gvʲazdɛk] |
| overnachten (ww) | zatrzymać się | [zat'ʃimatʃ ɕɛ̃] |

kamer (de)	pokój (m)	['pɔkuj]
eenpersoonskamer (de)	pokój (m) jednoosobowy	['pɔkuj ednɔ:sɔ'bɔvi]
tweepersoonskamer (de)	pokój (m) dwuosobowy	['pɔkuj dvuɔsɔ'bɔvi]
een kamer reserveren	rezerwować pokój	[rɛzɛr'vɔvatʃ 'pɔkuj]

| halfpension (het) | wyżywienie (n) Half Board | [viʒi'vene haf bɔrd] |
| volpension (het) | pełne (n) wyżywienie | ['pɛwnɛ viʒivi'ene] |

met badkamer	z łazienką	[z wa'ʒenkɔ̃]
met douche	z prysznicem	[z priʃ'nitsɛm]
satelliet-tv (de)	telewizja (z) satelitarna	[tɛle'vizʲja satɛli'tarna]
airconditioner (de)	klimatyzator (m)	[klimati'zatɔr]
handdoek (de)	ręcznik (m)	['rɛntʃnik]
sleutel (de)	klucz (m)	[klytʃ]

administrateur (de)	administrator (m)	[administ'ratɔr]
kamermeisje (het)	pokojówka (z)	[pɔkɔ'jufka]
piccolo (de)	tragarz (m)	['tragaʃ]
portier (de)	odźwierny (m)	[ɔd'vjernɨ]

restaurant (het)	restauracja (z)	[rɛstau'ratsʲja]
bar (de)	bar (m)	[bar]
ontbijt (het)	śniadanie (n)	[ɕɲa'dane]
avondeten (het)	kolacja (z)	[kɔ'ʎatsʲja]
buffet (het)	szwedzki stół (m)	['ʃfɛtski stuw]

lift (de)	winda (z)	['vinda]
NIET STOREN	NIE PRZESZKADZAĆ	[ne pʃɛʃ'kadzatʃ]
VERBODEN TE ROKEN!	ZAKAZ PALENIA!	['zakas pa'leɲa]

22. Bezienswaardigheden

monument (het)	pomnik (m)	['pɔmnik]
vesting (de)	twierdza (z)	['tferdza]
paleis (het)	pałac (m)	['pawats]
kasteel (het)	zamek (m)	['zamɛk]
toren (de)	wieża (z)	['veʒa]
mausoleum (het)	mauzoleum (n)	[mauzɔ'leum]

architectuur (de)	architektura (z)	[arhitɛk'tura]
middeleeuws (bn)	średniowieczny	[ɕrɛdnɔ'vetʃni]
oud (bn)	zabytkowy	[zabit'kɔvi]
nationaal (bn)	narodowy	[narɔ'dɔvi]
bekend (bn)	znany	['znani]

toerist (de)	turysta (m)	[tu'rista]
gids (de)	przewodnik (m)	[pʃɛ'vɔdnik]
rondleiding (de)	wycieczka (z)	[vi'tʃetʃka]
tonen (ww)	pokazywać	[pɔka'zivatʃ]
vertellen (ww)	opowiadać	[ɔpɔ'vʲadatʃ]
vinden (ww)	znaleźć	['znalɛtʃ]

verdwalen (de weg kwijt zijn)	zgubić się	['zgubiʨ ɕɛ̃]
plattegrond (~ van de metro)	plan (m)	[pʎan]
plattegrond (~ van de stad)	plan (m)	[pʎan]

souvenir (het)	pamiątka (z)	[pamɔ̃tka]
souvenirwinkel (de)	sklep (m) z upominkami	[sklep s upɔmi'ŋkami]
een foto maken (ww)	robić zdjęcia	['robiʧ 'zdʰɛ̃ʧa]
zich laten fotograferen	fotografować się	[fɔtɔgra'fɔvaʧ ɕɛ̃]

VERVOER

23. Vliegveld

luchthaven (de)	port (m) lotniczy	[pɔrt lɔt'nitʃi]
vliegtuig (het)	samolot (m)	[sa'mɔlɔt]
luchtvaartmaatschappij (de)	linie (l.mn.) lotnicze	['linje lɔt'nitʃɛ]
luchtverkeersleider (de)	kontroler (m) lotów	[kɔnt'rɔler 'lɔtuf]

vertrek (het)	odlot (m)	['ɔdlɔt]
aankomst (de)	przylot (m)	['pʃilɔt]
aankomen (per vliegtuig)	przylecieć	[pʃi'letʃetʃ]

vertrektijd (de)	godzina (ż) odlotu	[gɔ'dʑina ɔd'lɔtu]
aankomstuur (het)	godzina (ż) przylotu	[gɔ'dʑina pʃi'lɔtu]

vertraagd zijn (ww)	opóźniać się	[ɔ'puʑɲatʃ ɕɛ̃]
vluchtvertraging (de)	opóźnienie (n) odlotu	[ɔpuʑ'ɲene ɔd'lɔtu]

informatiebord (het)	tablica (ż) informacyjna	[tab'litsa infɔrma'tsijna]
informatie (de)	informacja (ż)	[infɔr'matsʰja]
aankondigen (ww)	ogłaszać	[ɔg'waʃatʃ]
vlucht (bijv. KLM ~)	lot (m)	['lɔt]

douane (de)	urząd (m) celny	['uʒɔ̃t 'tsɛʎnɨ]
douanier (de)	celnik (m)	['tsɛʎnik]

douaneaangifte (de)	deklaracja (ż)	[dɛkʎa'ratsʰja]
een douaneaangifte invullen	wypełnić deklarację	[vɨ'pɛwnitʃ dɛkʎa'ratsʰɛ̃]
paspoortcontrole (de)	odprawa (ż) paszportowa	[ɔtp'rava paʃpɔr'tɔva]

bagage (de)	bagaż (m)	['bagaʃ]
handbagage (de)	bagaż (m) podręczny	['bagaʃ pɔd'rɛntʃnɨ]
Gevonden voorwerpen	poszukiwanie (n) bagażu	[pɔʃuki'vane ba'gaʒu]
bagagekarretje (het)	wózek (m) bagażowy	['vuzɛk baga'ʒɔvɨ]

landing (de)	lądowanie (n)	[lɔ̃dɔ'vane]
landingsbaan (de)	pas (m) startowy	[pas star'tɔvɨ]
landen (ww)	lądować	[lɔ̃'dɔvatʃ]
vliegtuigtrap (de)	schody (l.mn.) do samolotu	['shɔdɨ dɔ samɔ'lɔtu]

inchecken (het)	odprawa (ż) biletowa	[ɔtp'rava bile'tɔva]
incheckbalie (de)	stanowisko (n) odprawy	[stanɔ'viskɔ ɔtp'ravɨ]
inchecken (ww)	zgłosić się do odprawy	['zgwɔɕitʃ ɕɛ̃ dɔ ɔtp'ravɨ]
instapkaart (de)	karta (ż) pokładowa	['karta pɔkwa'dɔva]
gate (de)	wyjście (n) do odprawy	['vɨjɕtʃe dɔ ɔtp'ravɨ]

transit (de)	tranzyt (m)	['tranzɨt]
wachten (ww)	czekać	['tʃɛkatʃ]
wachtzaal (de)	poczekalnia (ż)	[pɔtʃɛ'kaʎɲa]

begeleiden (uitwuiven)	odprowadzać	[ɔtprɔ'vadzatʃ]
afscheid nemen (ww)	żegnać się	['ʒɛgnatʃ ɕɛ̃]

24. Vliegtuig

vliegtuig (het)	samolot (m)	[sa'mɔlɔt]
vliegticket (het)	bilet (m) lotniczy	['bilet lɔt'nitʃi]
luchtvaartmaatschappij (de)	linie (l.mn.) lotnicze	['liɲje lɔt'nitʃɛ]
luchthaven (de)	port (m) lotniczy	[pɔrt lɔt'nitʃi]
supersonisch (bn)	ponaddźwiękowy	[pɔnaddʑivɛ̃'kɔvi]

gezagvoerder (de)	kapitan (m) statku	[ka'pitan 'statku]
bemanning (de)	załoga (ż)	[za'wɔga]
piloot (de)	pilot (m)	['pilɔt]
stewardess (de)	stewardessa (ż)	[stɛva'rdɛssa]
stuurman (de)	nawigator (m)	[navi'gatɔr]

vleugels (mv.)	skrzydła (l.mn.)	['skʃidwa]
staart (de)	ogon (m)	['ɔgɔn]
cabine (de)	kabina (ż)	[ka'bina]
motor (de)	silnik (m)	['ɕiʎnik]
landingsgestel (het)	podwozie (n)	[pɔd'vɔʒe]
turbine (de)	turbina (ż)	[tur'bina]
propeller (de)	śmigło (n)	['ɕmigwɔ]
zwarte doos (de)	czarna skrzynka (ż)	['tʃarna 'skʃiŋka]
stuur (het)	wolant (m)	['vɔʎant]
brandstof (de)	paliwo (n)	[pa'livɔ]

veiligheidskaart (de)	instrukcja (ż)	[inst'ruktsʰja]
zuurstofmasker (het)	maska (ż) tlenowa	['maska tle'nɔva]
uniform (het)	uniform (m)	[u'nifɔrm]
reddingsvest (de)	kamizelka (ż) ratunkowa	[kami'zɛʎka ratu'ŋkɔva]
parachute (de)	spadochron (m)	[spa'dɔhrɔn]
opstijgen (het)	start (m)	[start]
opstijgen (ww)	startować	[star'tɔvatʃ]
startbaan (de)	pas (m) startowy	[pas star'tɔvi]

zicht (het)	widoczność (ż)	[vi'dɔtʃnɔɕtʃ]
vlucht (de)	lot (m)	['lɔt]
hoogte (de)	wysokość (ż)	[vi'sɔkɔɕtʃ]
luchtzak (de)	dziura (ż) powietrzna	['dʑyra pɔ'vetʃna]

plaats (de)	miejsce (n)	['mejsʦɛ]
koptelefoon (de)	słuchawki (l.mn.)	[swu'hafki]
tafeltje (het)	stolik (m) rozkładany	['stɔlik rɔskwa'dani]
venster (het)	iluminator (m)	[ilymi'natɔr]
gangpad (het)	przejście (n)	['pʃɛjɕʧe]

25. Trein

trein (de)	pociąg (m)	['pɔtʃɔ̃k]
elektrische trein (de)	pociąg (m) podmiejski	['pɔtʃɔ̃k pɔd'mejski]

sneltrein (de)	pociąg (m) pośpieszny	['potʃɔk pɔɕ'peʃni]
diesellocomotief (de)	lokomotywa (z)	[lɔkɔmɔ'tiva]
locomotief (de)	parowóz (m)	[pa'rɔvus]

| rijtuig (het) | wagon (m) | ['vagɔn] |
| restauratierijtuig (het) | wagon (m) restauracyjny | ['vagɔn rɛstaura'tsijni] |

rails (mv.)	szyny (l.mn.)	['ʃini]
spoorweg (de)	kolej (z)	['kɔlej]
dwarsligger (de)	podkład (m)	['pɔtkwat]

perron (het)	peron (m)	['pɛrɔn]
spoor (het)	tor (m)	[tɔr]
semafoor (de)	semafor (m)	[sɛ'mafɔr]
halte (bijv. kleine treinhalte)	stacja (z)	['statsʰja]
machinist (de)	maszynista (m)	[maʃi'nista]
kruier (de)	tragarz (m)	['tragaʃ]
conducteur (de)	konduktor (m)	[kɔn'duktɔr]
passagier (de)	pasażer (m)	[pa'saʒɛr]
controleur (de)	kontroler (m)	[kɔnt'rɔler]

| gang (in een trein) | korytarz (m) | [kɔ'ritaʃ] |
| noodrem (de) | hamulec (m) bezpieczeństwa | [ha'mulets bɛzpet'ʃɛɲstfa] |

coupé (de)	przedział (m)	['pʃɛdʑaw]
bed (slaapplaats)	łóżko (n)	['wuʃkɔ]
bovenste bed (het)	łóżko (n) górne	['wuʃkɔ 'gurnɛ]
onderste bed (het)	łóżko (n) dolne	['wuʃkɔ 'dɔʎnɛ]
beddengoed (het)	pościel (z)	['pɔɕtʃeʎ]
kaartje (het)	bilet (m)	['bilet]
dienstregeling (de)	rozkład (m) jazdy	['rɔskwad 'jazdi]
informatiebord (het)	tablica (z) informacyjna	[tab'litsa informa'tsijna]

vertrekken (De trein vertrekt ...)	odjeżdżać	[ɔdʰ'eʒdʑatʃ]
vertrek (ov. een trein)	odjazd (m)	['ɔdʰjast]
aankomen (ov. de treinen)	wjeżdżać	['vʰeʒdʑatʃ]
aankomst (de)	przybycie (n)	[pʃi'bitʃe]

aankomen per trein	przyjechać pociągiem	[pʃi'ehatʃ pɔtʃɔgem]
in de trein stappen	wsiąść do pociągu	[fɕɔɕtʃ dɔ pɔtʃɔgu]
uit de trein stappen	wysiąść z pociągu	['viɕɔɕtʃ s pɔtʃɔgu]

treinwrak (het)	katastrofa (z)	[katast'rɔfa]
locomotief (de)	parowóz (m)	[pa'rɔvus]
stoker (de)	palacz (m)	['paʎatʃ]
stookplaats (de)	palenisko (n)	[pale'niskɔ]
steenkool (de)	węgiel (m)	['vɛŋeʎ]

26. Schip

| schip (het) | statek (m) | ['statɛk] |
| vaartuig (het) | okręt (m) | ['ɔkrɛ̃t] |

stoomboot (de)	parowiec (m)	[pa'rɔveʦ]
motorschip (het)	motorowiec (m)	[mɔtɔ'rɔveʦ]
lijnschip (het)	liniowiec (m)	[li'ɲjɔveʦ]
kruiser (de)	krążownik (m)	[krɔ̃'ʒɔvnik]

jacht (het)	jacht (m)	[jaht]
sleepboot (de)	holownik (m)	[hɔ'lɔvnik]
duwbak (de)	barka (ż)	['barka]
ferryboot (de)	prom (m)	[prɔm]

| zeilboot (de) | żaglowiec (m) | [ʒag'lɔveʦ] |
| brigantijn (de) | brygantyna (ż) | [brigan'tina] |

| IJsbreker (de) | lodołamacz (m) | [lɔdɔ'wamatʃ] |
| duikboot (de) | łódź (ż) podwodna | [wutʃ pɔd'vɔdna] |

boot (de)	łódź (ż)	[wutʃ]
sloep (de)	szalupa (ż)	[ʃa'lypa]
reddingssloep (de)	szalupa (ż)	[ʃa'lypa]
motorboot (de)	motorówka (ż)	[mɔtɔ'rufka]

kapitein (de)	kapitan (m)	[ka'pitan]
zeeman (de)	marynarz (m)	[ma'rinaʃ]
matroos (de)	marynarz (m)	[ma'rinaʃ]
bemanning (de)	załoga (ż)	[za'wɔga]

bootsman (de)	bosman (m)	['bɔsman]
scheepsjongen (de)	chłopiec (m) okrętowy	['hwɔpeʦ ɔkrɛ̃'tɔvi]
kok (de)	kucharz (m) okrętowy	['kuhaʃ ɔkrɛ̃'tɔvi]
scheepsarts (de)	lekarz (m) okrętowy	['lekaʃ ɔkrɛ̃'tɔvi]

dek (het)	pokład (m)	['pɔkwat]
mast (de)	maszt (m)	[maʃt]
zeil (het)	żagiel (m)	['ʒageʎ]

ruim (het)	ładownia (ż)	[wa'dɔvɲa]
voorsteven (de)	dziób (m)	[dʑyp]
achtersteven (de)	rufa (ż)	['rufa]
roeispaan (de)	wiosło (n)	['vɕɔswɔ]
schroef (de)	śruba (ż) napędowa	['ɕruba napɛ̃'dɔva]

kajuit (de)	kajuta (ż)	[ka'juta]
officierskamer (de)	mesa (ż)	['mɛsa]
machinekamer (de)	maszynownia (ż)	[maʃi'nɔvɲa]
brug (de)	mostek (m) kapitański	['mɔstɛk kapi'taɲski]
radiokamer (de)	radiokabina (ż)	[radʰɔka'bina]
radiogolf (de)	fala (ż)	['faʎa]
logboek (het)	dziennik (m) pokładowy	['dʑeɲik pɔkwa'dɔvi]

verrekijker (de)	luneta (ż)	[ly'nɛta]
klok (de)	dzwon (m)	[dʣvɔn]
vlag (de)	bandera (ż)	[ban'dɛra]

kabel (de)	lina (ż)	['lina]
knoop (de)	węzeł (m)	['vɛnzɛw]
trapleuning (de)	poręcz (ż)	['pɔrɛ̃tʃ]

trap (de)	trap (m)	[trap]
anker (het)	kotwica (z)	[kɔtˈfitsa]
het anker lichten	podnieść kotwicę	[ˈpɔdneɕtʃ kɔtˈfitsɛ̃]
het anker neerlaten	zarzucić kotwicę	[zaˈʒutʃitʃ kɔtˈfitsɛ̃]
ankerketting (de)	łańcuch (m) kotwicy	[ˈwaɲtsuh kɔtˈfitsi]

haven (bijv. containerhaven)	port (m)	[pɔrt]
kaai (de)	nabrzeże (n)	[nabˈʒɛʒɛ]
aanleggen (ww)	cumować	[tsuˈmɔvatʃ]
wegvaren (ww)	odbijać	[ɔdˈbijatʃ]

reis (de)	podróż (ż)	[ˈpɔdruʃ]
cruise (de)	podróż (ż) morska	[ˈpɔdruʃ ˈmɔrska]
koers (de)	kurs (m)	[kurs]
route (de)	trasa (ż)	[ˈtrasa]

vaarwater (het)	tor (m) wodny	[tɔr ˈvɔdni]
zandbank (de)	mielizna (ż)	[meˈlizna]
stranden (ww)	osiąść na mieliźnie	[ˈɔɕɕʲɕtʃ na meˈlizʲne]

storm (de)	sztorm (m)	[ʃtɔrm]
signaal (het)	sygnał (m)	[ˈsignaw]
zinken (ov. een boot)	tonąć	[ˈtɔɔɲtʃ]
SOS (noodsignaal)	SOS	[ɛs ɔ ɛs]
reddingsboei (de)	koło (n) ratunkowe	[ˈkɔwɔ ratuˈŋkɔvɛ]

STAD

27. Stedelijk vervoer

bus, autobus (de)	autobus (m)	[au'tɔbus]
tram (de)	tramwaj (m)	['tramvaj]
trolleybus (de)	trolejbus (m)	[trɔ'lejbus]
route (de)	trasa (ż)	['trasa]
nummer (busnummer, enz.)	numer (m)	['numɛr]

rijden met ...	jechać w ...	['ehatʃ v]
stappen (in de bus ~)	wsiąść	[fɕɔ̃ɕtʃ]
afstappen (ww)	zsiąść z ...	[zɕɔ̃ɕtʃ z]

halte (de)	przystanek (m)	[pʃis'tanɛk]
volgende halte (de)	następny przystanek (m)	[nas'tɛpnɨ pʃis'tanɛk]
eindpunt (het)	stacja (ż) końcowa	['statsʰja kɔɲ'tsɔva]
dienstregeling (de)	rozkład (m) jazdy	['rɔskwad 'jazdɨ]
wachten (ww)	czekać	['tʃɛkatʃ]

kaartje (het)	bilet (m)	['bilet]
reiskosten (de)	cena (ż) biletu	['tsɛna bi'letu]

kassier (de)	kasjer (m), kasjerka (ż)	['kasʰer], [kasʰ'erka]
kaartcontrole (de)	kontrola (ż) biletów	[kɔnt'rɔʎa bi'letɔf]
controleur (de)	kontroler (m) biletów	[kɔnt'rɔler bi'letɔf]

te laat zijn (ww)	spóźniać się	['spuzʲɲatʃ ɕɛ̃]
missen (de bus ~)	spóźnić się	['spuzʲɲitʃ ɕɛ̃]
zich haasten (ww)	śpieszyć się	['ɕpeʃitʃ ɕɛ̃]

taxi (de)	taksówka (ż)	[tak'sufka]
taxichauffeur (de)	taksówkarz (m)	[tak'sufkaʃ]
met de taxi (bw)	taksówką	[tak'sufkɔ̃]
taxistandplaats (de)	postój (m) taksówek	['pɔstuj tak'suvɛk]
een taxi bestellen	wezwać taksówkę	['vɛzvatʃ tak'sufkɛ̃]
een taxi nemen	wziąć taksówkę	[vzɔ̃ʲtʃ tak'sufkɛ̃]

verkeer (het)	ruch (m) uliczny	[ruh u'litʃnɨ]
file (de)	korek (m)	['kɔrɛk]
spitsuur (het)	godziny (l.mn.) szczytu	[gɔ'dʑinɨ 'ʃtʃitu]
parkeren (on.ww.)	parkować	[par'kɔvatʃ]
parkeren (ov.ww.)	parkować	[par'kɔvatʃ]
parking (de)	parking (m)	['parkiŋk]

metro (de)	metro (n)	['mɛtrɔ]
halte (bijv. kleine treinhalte)	stacja (ż)	['statsʰja]
de metro nemen	jechać metrem	['ehatʃ 'mɛtrɛm]
trein (de)	pociąg (m)	['pɔtʃɔ̃k]
station (treinstation)	dworzec (m)	['dvɔʒɛts]

28. Stad. Het leven in de stad

stad (de)	miasto (n)	['mʲastɔ]
hoofdstad (de)	stolica (z)	[stɔ'liʦa]
dorp (het)	wieś (z)	[vɛɕ]

plattegrond (de)	plan (m) miasta	[pʎan 'mʲasta]
centrum (ov. een stad)	centrum (n) miasta	['ʦɛntrum 'mʲasta]
voorstad (de)	dzielnica (z) podmiejska	[dʑɛʎ'niʦa pɔd'mejska]
voorstads- (abn)	podmiejski	[pɔd'mejski]

randgemeente (de)	peryferie (l.mn.)	[pɛri'fɛrʰe]
omgeving (de)	okolice (l.mn.)	[ɔkɔ'liʦɛ]
blok (huizenblok)	osiedle (n)	[ɔ'ɕedle]
woonwijk (de)	osiedle (n) mieszkaniowe	[ɔ'ɕedle meʃka'nɜvɛ]

verkeer (het)	ruch (m) uliczny	[ruh u'liʧnʲi]
verkeerslicht (het)	światła (l.mn.)	['ɕfʲatwa]
openbaar vervoer (het)	komunikacja (z) publiczna	[kɔmuni'kaʦʰja pub'liʧna]
kruispunt (het)	skrzyżowanie (n)	[skʃiʒɔ'vane]

zebrapad (oversteekplaats)	przejście (n)	['pʃɛjɕʨe]
onderdoorgang (de)	przejście (n) podziemne	['pʃɛjɕʨe pɔ'dʑemnɛ]
oversteken (de straat ~)	przechodzić	[pʃɛ'hɔʥiʧ]
voetganger (de)	pieszy (m)	['peʃi]
trottoir (het)	chodnik (m)	['hɔdnik]

brug (de)	most (m)	[mɔst]
dijk (de)	nadbrzeże (n)	[nadb'ʒɛʒɛ]
fontein (de)	fontanna (z)	[fɔn'taɳa]

allee (de)	aleja (z)	[a'leja]
park (het)	park (m)	[park]
boulevard (de)	bulwar (m)	['buʎvar]
plein (het)	plac (m)	[pʎaʦ]
laan (de)	aleja (z)	[a'leja]
straat (de)	ulica (z)	[u'liʦa]
zijstraat (de)	zaułek (m)	[za'uwɛk]
doodlopende straat (de)	ślepa uliczka (z)	['ɕlepa u'liʧka]

huis (het)	dom (m)	[dɔm]
gebouw (het)	budynek (m)	[bu'dɨnɛk]
wolkenkrabber (de)	wieżowiec (m)	[ve'ʒɔveʦ]

gevel (de)	fasada (z)	[fa'sada]
dak (het)	dach (m)	[dah]
venster (het)	okno (n)	['ɔknɔ]
boog (de)	łuk (m)	[wuk]
pilaar (de)	kolumna (z)	[kɔ'lymna]
hoek (ov. een gebouw)	róg (m)	[ruk]

vitrine (de)	witryna (z)	[vit'rɨna]
gevelreclame (de)	szyld (m)	[ʃiʎt]
affiche (de/het)	afisz (m)	['afiʃ]
reclameposter (de)	plakat (m) reklamowy	['pʎakat rɛkʎa'mɔvɨ]

aanplakbord (het)	billboard (m)	['biΛbɔrt]
vuilnis (de/het)	śmiecie (l.mn.)	['ɕmetʃe]
vuilnisbak (de)	kosz (m) na śmieci	[kɔʃ na 'ɕmetʃi]
afval weggooien (ww)	śmiecić	['ɕmetʃitʃ]
stortplaats (de)	wysypisko (n) śmieci	[visɨpiskɔ 'ɕmetʃi]

telefooncel (de)	budka (ż) telefoniczna	['butka tɛlefɔ'nitʃna]
straatlicht (het)	słup (m) oświetleniowy	[swup ɔɕvetle'nɔvɨ]
bank (de)	ławka (ż)	['wafka]

politieagent (de)	policjant (m)	[pɔ'litsʰjant]
politie (de)	policja (ż)	[pɔ'litsʰja]
zwerver (de)	żebrak (m)	['ʒɛbrak]
dakloze (de)	bezdomny (m)	[bɛz'dɔmnɨ]

29. Stedelijke instellingen

winkel (de)	sklep (m)	[sklep]
apotheek (de)	apteka (ż)	[ap'tɛka]
optiek (de)	optyk (m)	['ɔptik]
winkelcentrum (het)	centrum (n) handlowe	['tsɛntrum hand'lɔvɛ]
supermarkt (de)	supermarket (m)	[supɛr'markɛt]

bakkerij (de)	sklep (m) z pieczywem	[sklep s pet'ʃivɛm]
bakker (de)	piekarz (m)	['pekaʃ]
banketbakkerij (de)	cukiernia (ż)	[tsu'kerɲa]
kruidenier (de)	sklep (m) spożywczy	[sklep spɔ'ʒivtʃi]
slagerij (de)	sklep (m) mięsny	[sklep 'mensnɨ]

| groentewinkel (de) | warzywniak (m) | [va'ʒivɲak] |
| markt (de) | targ (m) | [tark] |

koffiehuis (het)	kawiarnia (ż)	[ka'vʲarɲa]
restaurant (het)	restauracja (ż)	[rɛstau'ratsʰja]
bar (de)	piwiarnia (ż)	[pi'vʲarɲa]
pizzeria (de)	pizzeria (ż)	[pi'tserʰja]

kapperssalon (de/het)	salon (m) fryzjerski	['salɔn frizʰ'erski]
postkantoor (het)	poczta (ż)	['pɔtʃta]
stomerij (de)	pralnia (ż) chemiczna	['praʎɲa hɛ'mitʃna]
fotostudio (de)	zakład (m) fotograficzny	['zakwat fɔtɔgra'fitʃnɨ]

schoenwinkel (de)	sklep (m) obuwniczy	[sklep ɔbuv'nitʃi]
boekhandel (de)	księgarnia (ż)	[kɕɛ̃'garɲa]
sportwinkel (de)	sklep (m) sportowy	[sklep spɔr'tɔvɨ]

kledingreparatie (de)	reperacja (ż) odzieży	[rɛpɛ'ratsʰja ɔ'dʒeʒi]
kledingverhuur (de)	wypożyczanie (n) strojów okazjonalnych	[vɨpɔʒi'tʃane strɔ'juv ɔkazʲɔ'naʎnih]
videotheek (de)	wypożyczalnia (ż) filmów	[vɨpɔʒit'ʃaʎɲa 'fiʎmuf]

circus (de/het)	cyrk (m)	[tsɨrk]
dierentuin (de)	zoo (n)	['zɔ:]
bioscoop (de)	kino (n)	['kinɔ]

| museum (het) | muzeum (n) | [mu'zɛum] |
| bibliotheek (de) | biblioteka (ż) | [biblɔ'tɛka] |

theater (het)	teatr (m)	['tɛatr]
opera (de)	opera (ż)	['ɔpɛra]
nachtclub (de)	klub nocny (m)	[klyp 'nɔtsnɨ]
casino (het)	kasyno (n)	[ka'sɨnɔ]

moskee (de)	meczet (m)	['mɛtʃɛt]
synagoge (de)	synagoga (ż)	[sɨna'gɔga]
kathedraal (de)	katedra (ż)	[ka'tɛdra]
tempel (de)	świątynia (ż)	[ɕfɕ'tɨɲa]
kerk (de)	kościół (m)	['kɔɕtʃɔw]

instituut (het)	instytut (m)	[ins'tɨtut]
universiteit (de)	uniwersytet (m)	[uni'vɛrsɨtɛt]
school (de)	szkoła (ż)	['ʃkɔwa]

gemeentehuis (het)	urząd (m) dzielnicowy	['uʒɔd dʑɛʎnitsɔvɨ]
stadhuis (het)	urząd (m) miasta	['uʒɔt 'mʲasta]
hotel (het)	hotel (m)	['hɔtɛʎ]
bank (de)	bank (m)	[baŋk]

ambassade (de)	ambasada (ż)	[amba'sada]
reisbureau (het)	agencja (ż) turystyczna	[a'gɛntsʰja turis'titʃna]
informatieloket (het)	informacja (ż)	[infɔr'matsʰja]
wisselkantoor (het)	kantor (m)	['kantɔr]

| metro (de) | metro (n) | ['mɛtrɔ] |
| ziekenhuis (het) | szpital (m) | ['ʃpitaʎ] |

| benzinestation (het) | stacja (ż) benzynowa | ['statsʰja bɛnzɨ'nɔva] |
| parking (de) | parking (m) | ['parkiŋk] |

30. Borden

gevelreclame (de)	szyld (m)	[ʃɨʎt]
opschrift (het)	napis (m)	['napis]
poster (de)	plakat (m)	['pʎakat]
wegwijzer (de)	drogowskaz (m)	[drɔ'gɔfskas]
pijl (de)	strzałka (ż)	['stʃawka]

waarschuwing (verwittiging)	ostrzeżenie (n)	[ɔstʃɛ'ʒɛne]
waarschuwingsbord (het)	przestroga (ż)	[pʃɛst'rɔga]
waarschuwen (ww)	ostrzegać	[ɔst'ʃɛgatʃ]

vrije dag (de)	dzień (m) wolny	[dʑeɲ 'vɔʎnɨ]
dienstregeling (de)	rozkład (m) jazdy	['rɔskwad 'jazdɨ]
openingsuren (mv.)	godziny (l.mn.) pracy	[gɔ'dʑinɨ 'pratsɨ]

WELKOM!	WITAMY!	[vi'tamɨ]
INGANG	WEJŚCIE	['vɛjɕtʃe]
UITGANG	WYJŚCIE	['vɨjɕtʃe]
DUWEN	PCHAĆ	[phatʃ]

TREKKEN	CIĄGNĄĆ	[ʧɔ̃gnɔɲʧ]
OPEN	OTWARTE	[ɔt'fartɛ]
GESLOTEN	ZAMKNIĘTE	[zamk'nentɛ]

| DAMES | DLA PAŃ | [dʎa paɲ] |
| HEREN | DLA MĘŻCZYZN | [dʎa 'mɛ̃ʒʧizn] |

KORTING	ZNIŻKI	['zniʃki]
UITVERKOOP	WYPRZEDAŻ	[vip'ʃɛdaʃ]
NIEUW!	NOWOŚĆ!	['nɔvɔɕʧ]
GRATIS	GRATIS	['gratis]

PAS OP!	UWAGA!	[u'vaga]
VOLGEBOEKT	BRAK MIEJSC	[brak mejsʦ]
GERESERVEERD	REZERWACJA	[rɛzɛr'vaʦʰja]

| ADMINISTRATIE | ADMINISTRACJA | [administ'raʦʰja] |
| ALLEEN VOOR PERSONEEL | WEJŚCIE SŁUŻBOWE | ['vɛjʨe swuʒ'bɔvɛ] |

GEVAARLIJKE HOND	UWAGA! ZŁY PIES	[u'vaga zwi pes]
VERBODEN TE ROKEN!	ZAKAZ PALENIA!	['zakas pa'lɛna]
NIET AANRAKEN!	NIE DOTYKAĆ!	[ne dɔ'tikaʧ]

GEVAARLIJK	NIEBEZPIECZNY	[nebɛs'peʧni]
GEVAAR	NIEBEZPIECZEŃSTWO	[nebɛspeʧɛɲstfɔ]
HOOGSPANNING	WYSOKIE NAPIĘCIE	[visɔke napɛ̃ʨe]
VERBODEN TE ZWEMMEN	KĄPIEL WZBRONIONA	[kɔmpeʎ vzbrɔnɔ̃a]
BUITEN GEBRUIK	NIECZYNNE	[neʧiɲɛ]

ONTVLAMBAAR	ŁATWOPALNE	[vatvɔ'paʎnɛ]
VERBODEN	ZAKAZ	['zakas]
DOORGANG VERBODEN	ZAKAZ PRZEJŚCIA	['zakas 'pʃɛjʨʲa]
OPGELET PAS GEVERFD	ŚWIEŻO MALOWANE	['ɕfeʒɔ malɔ'vanɛ]

31. Winkelen

kopen (ww)	kupować	[ku'pɔvaʧ]
aankoop (de)	zakup (m)	['zakup]
winkelen (ww)	robić zakupy	['rɔbiʧ za'kupi]
winkelen (het)	zakupy (l.mn.)	[za'kupi]

| open zijn (ov. een winkel, enz.) | być czynnym | [biʧ 'ʧiɲim] |
| gesloten zijn (ww) | być nieczynnym | [biʧ net'ʃiɲim] |

schoeisel (het)	obuwie (n)	[ɔ'buve]
kleren (mv.)	odzież (ż)	['ɔʤeʃ]
cosmetica (de)	kosmetyki (l.mn.)	[kɔs'mɛtiki]
voedingswaren (mv.)	artykuły (l.mn.) spożywcze	[arti'kuwi spɔ'ʒifʧɛ]
geschenk (het)	prezent (m)	['prɛzɛnt]

| verkoper (de) | ekspedient (m) | [ɛks'pɛdʰent] |
| verkoopster (de) | ekspedientka (ż) | [ɛkspedʰ'entka] |

kassa (de)	kasa (ż)	['kasa]
spiegel (de)	lustro (n)	['lystrɔ]
toonbank (de)	lada (ż)	['ʎada]
paskamer (de)	przymierzalnia (ż)	[pʃime'ʒaʎɲa]

aanpassen (ww)	przymierzyć	[pʃi'meʒiʧ]
passen (ov. kleren)	pasować	[pa'sɔvaʧ]
bevallen (prettig vinden)	podobać się	[pɔ'dɔbaʧ çɛ̃]

prijs (de)	cena (ż)	['ʦɛna]
prijskaartje (het)	metka (ż)	['mɛtka]
kosten (ww)	kosztować	[kɔʃtɔvaʧ]
Hoeveel?	Ile kosztuje?	['ile kɔʃ'tue]
korting (de)	zniżka (ż)	['zniʃka]

niet duur (bn)	niedrogi	[ned'rɔgi]
goedkoop (bn)	tani	['tani]
duur (bn)	drogi	['drɔgi]
Dat is duur.	To dużo kosztuje	[tɔ 'duʒɔ kɔʃ'tue]

verhuur (de)	wypożyczalnia (ż)	[vipɔʒit'ʃaʎɲa]
huren (smoking, enz.)	wypożyczyć	[vipɔ'ʒiʧiʧ]
krediet (het)	kredyt (m)	['krɛdit]
op krediet (bw)	na kredyt	[na 'krɛdit]

KLEDING EN ACCESSOIRES

32. Bovenkleding. Jassen

kleren (mv.), kleding (de)	odzież (ż)	['ɔdʒɛʃ]
bovenkleding (de)	wierzchnie okrycie (n)	['veʃhne ɔk'riʧe]
winterkleding (de)	odzież (ż) zimowa	['ɔdʒeʒ ʒi'mɔva]
jas (de)	palto (n)	['paʎtɔ]
bontjas (de)	futro (n)	['futrɔ]
bontjasje (het)	futro (n) krótkie	['futrɔ 'krɔtkɛ]
donzen jas (de)	kurtka (ż) puchowa	['kurtka pu'hɔva]
jasje (bijv. een leren ~)	kurtka (ż)	['kurtka]
regenjas (de)	płaszcz (m)	[pwaʃʧ]
waterdicht (bn)	nieprzemakalny	[nepʃɛma'kaʎnɨ]

33. Heren & dames kleding

overhemd (het)	koszula (ż)	[kɔ'ʃuʎa]
broek (de)	spodnie (l.mn.)	['spɔdne]
jeans (de)	dżinsy (l.mn.)	['dʒinsɨ]
colbert (de)	marynarka (ż)	[marɨ'narka]
kostuum (het)	garnitur (m)	[gar'nitur]
jurk (de)	sukienka (ż)	[su'keŋka]
rok (de)	spódnica (ż)	[spud'nitsa]
blouse (de)	bluzka (ż)	['blyska]
wollen vest (de)	sweterek (m)	[sfɛ'tɛrɛk]
blazer (kort jasje)	żakiet (m)	['ʒaket]
T-shirt (het)	koszulka (ż)	[kɔ'ʃuʎka]
shorts (mv.)	spodenki (l.mn.)	[spɔ'dɛŋki]
trainingspak (het)	dres (m)	[drɛs]
badjas (de)	szlafrok (m)	['ʃʎafrɔk]
pyjama (de)	pidżama (ż)	[pi'dʒama]
sweater (de)	sweter (m)	['sfɛtɛr]
pullover (de)	pulower (m)	[pu'lɔvɛr]
gilet (het)	kamizelka (ż)	[kami'zɛʎka]
rokkostuum (het)	frak (m)	[frak]
smoking (de)	smoking (m)	['smɔkiŋk]
uniform (het)	uniform (m)	[u'nifɔrm]
werkkleding (de)	ubranie (n) robocze	[ub'rane rɔ'bɔtʃɛ]
overall (de)	kombinezon (m)	[kɔmbi'nɛzɔn]
doktersjas (de)	kitel (m)	['kitɛʎ]

34. Kleding. Ondergoed

ondergoed (het)	bielizna (z)	[be'lizna]
onderhemd (het)	podkoszulek (m)	[pɔtkɔ'ʃulek]
sokken (mv.)	skarpety (l.mn.)	[skar'pɛti]

nachthemd (het)	koszula (z) nocna	[kɔ'ʃuʎa 'nɔtsna]
beha (de)	biustonosz (m)	[bys'tɔnɔʃ]
kniekousen (mv.)	podkolanówki (l.mn.)	[pɔdkɔʎa'nufki]
panty (de)	rajstopy (l.mn.)	[rajs'tɔpɨ]
nylonkousen (mv.)	pończochy (l.mn.)	[pɔɲt'ʃɔhɨ]
badpak (het)	kostium (m) kąpielowy	['kɔstʲjum kɔ̃pelɔvɨ]

35. Hoofddeksels

hoed (de)	czapka (z)	['tʃapka]
deukhoed (de)	kapelusz (m) fedora	[ka'pɛlyʃ fɛ'dɔra]
honkbalpet (de)	bejsbolówka (z)	[bɛjsbɔ'lyfka]
kleppet (de)	kaszkiet (m)	['kaʃket]

baret (de)	beret (m)	['bɛrɛt]
kap (de)	kaptur (m)	['kaptur]
panamahoed (de)	panama (z)	[pa'nama]

hoofddoek (de)	chustka (z)	['hustka]
dameshoed (de)	kapelusik (m)	[kapɛ'lyɕik]

veiligheidshelm (de)	kask (m)	[kask]
veldmuts (de)	furażerka (z)	[fura'ʒɛrka]
helm, valhelm (de)	hełm (m)	[hɛwm]

bolhoed (de)	melonik (m)	[mɛ'lɔnik]
hoge hoed (de)	cylinder (m)	[tsɨ'lindɛr]

36. Schoeisel

schoeisel (het)	obuwie (n)	[ɔ'buve]
schoenen (mv.)	buty (l.mn.)	['butɨ]
vrouwenschoenen (mv.)	pantofle (l.mn.)	[pan'tɔfle]
laarzen (mv.)	kozaki (l.mn.)	[kɔ'zaki]
pantoffels (mv.)	kapcie (l.mn.)	['kaptʃe]

sportschoenen (mv.)	adidasy (l.mn.)	[adi'dasɨ]
sneakers (mv.)	tenisówki (l.mn.)	[tɛni'sufki]
sandalen (mv.)	sandały (l.mn.)	[san'dawɨ]

schoenlapper (de)	szewc (m)	[ʃɛfts]
hiel (de)	obcas (m)	['ɔbtsas]
paar (een ~ schoenen)	para (z)	['para]
veter (de)	sznurowadło (n)	[ʃnurɔ'vadwɔ]
rijgen (schoenen ~)	sznurować	[ʃnu'rɔvatʃ]

| schoenlepel (de) | łyżka (z) do butów | ['wiʒka dɔ 'butuf] |
| schoensmeer (de/het) | pasta (z) do butów | ['pasta dɔ 'butuf] |

37. Persoonlijke accessoires

handschoenen (mv.)	rękawiczki (l.mn.)	[rɛ̆ka'vitʃki]
wanten (mv.)	rękawiczki (l.mn.)	[rɛ̆ka'vitʃki]
sjaal (fleece ~)	szalik (m)	['ʃalik]

bril (de)	okulary (l.mn.)	[ɔku'ʎari]
brilmontuur (het)	oprawka (z)	[ɔp'rafka]
paraplu (de)	parasol (m)	[pa'rasɔʎ]
wandelstok (de)	laska (z)	['ʎaska]
haarborstel (de)	szczotka (z) do włosów	['ʃtʃotka dɔ 'vwɔsuv]
waaier (de)	wachlarz (m)	['vahʎaʃ]

das (de)	krawat (m)	['kravat]
strikje (het)	muszka (z)	['muʃka]
bretels (mv.)	szelki (l.mn.)	['ʃɛʎki]
zakdoek (de)	chusteczka (z) do nosa	[hus'tɛtʃka dɔ 'nɔsa]

kam (de)	grzebień (m)	['gʒɛbeɲ]
haarspeldje (het)	spinka (z)	['spiŋka]
schuifspeldje (het)	szpilka (z)	['ʃpiʎka]
gesp (de)	sprzączka (z)	['spʃɔ̃tʃka]

| broekriem (de) | pasek (m) | ['pasɛk] |
| draagriem (de) | pasek (m) | ['pasɛk] |

handtas (de)	torba (z)	['tɔrba]
damestas (de)	torebka (z)	[tɔ'rɛpka]
rugzak (de)	plecak (m)	['pletsak]

38. Kleding. Diversen

mode (de)	moda (z)	['mɔda]
de mode (bn)	modny	['mɔdni]
kledingstilist (de)	projektant (m) mody	[prɔ'ektant 'mɔdi]

kraag (de)	kołnierz (m)	['kɔwneʃ]
zak (de)	kieszeń (z)	['keʃɛɲ]
zak- (abn)	kieszonkowy	[keʃɔ'ŋkɔvi]
mouw (de)	rękaw (m)	['rɛŋkaf]
lusje (het)	wieszak (m)	['veʃak]
gulp (de)	rozporek (m)	[rɔs'pɔrɛk]

rits (de)	zamek (m) błyskawiczny	['zamɛk bwiska'vitʃni]
sluiting (de)	zapięcie (m)	[za'pɛ̃tʃe]
knoop (de)	guzik (m)	['guʒik]
knoopsgat (het)	dziurką (z) na guzik	['dʒyrka na gu'ʒik]
losraken (bijv. knopen)	urwać się	['urvatʃ ɕɛ̃]
naaien (kleren, enz.)	szyć	[ʃitʃ]

borduren (ww)	haftować	[haf'tɔvatʃ]
borduursel (het)	haft (m)	[haft]
naald (de)	igła (ż)	['igwa]
draad (de)	nitka (ż)	['nitka]
naad (de)	szew (m)	[ʃɛf]

vies worden (ww)	wybrudzić się	[vɨb'rudʒitʃ ɕɛ̃]
vlek (de)	plama (ż)	['pʎama]
gekreukt raken (ov. kleren)	zmiąć się	[zmɔ̃tʃ ɕɛ̃]
scheuren (ov.ww.)	rozerwać	[rɔ'zɛrvatʃ]
mot (de)	mól (m)	[muʎ]

39. Persoonlijke verzorging. Schoonheidsmiddelen

tandpasta (de)	pasta (ż) do zębów	['pasta dɔ 'zɛ̃buf]
tandenborstel (de)	szczoteczka (ż) do zębów	[ʃtʃɔ'tɛtʃka dɔ 'zɛ̃buf]
tanden poetsen (ww)	myć zęby	[mɨtʃ 'zɛ̃bɨ]

scheermes (het)	maszynka (ż) do golenia	[ma'ʃɨŋka dɔ gɔ'lɛɲa]
scheerschuim (het)	krem (m) do golenia	[krɛm dɔ gɔ'lɛɲa]
zich scheren (ww)	golić się	['gɔlitʃ ɕɛ̃]

zeep (de)	mydło (n)	['mɨdwɔ]
shampoo (de)	szampon (m)	['ʃampɔn]

schaar (de)	nożyczki (l.mn.)	[nɔ'ʒɨtʃki]
nagelvijl (de)	pilnik (m) do paznokci	['piʎnik dɔ paz'nɔktʃi]
nagelknipper (de)	cążki (l.mn.) do paznokci	['tsɔ̃ʃki dɔ paz'nɔktʃi]
pincet (het)	pinceta (ż)	[pin'tsɛta]

cosmetica (de)	kosmetyki (l.mn.)	[kɔs'mɛtɨki]
masker (het)	maseczka (ż)	[ma'sɛtʃka]
manicure (de)	manikiur (m)	[ma'nikyr]
manicure doen	robić manikiur	['rɔbitʃ ma'nikyr]
pedicure (de)	pedikiur (m)	[pɛ'dikyr]

cosmetica tasje (het)	kosmetyczka (ż)	[kɔsmɛ'titʃka]
poeder (de/het)	puder (m)	['pudɛr]
poederdoos (de)	puderniczka (ż)	[pudɛr'nitʃka]
rouge (de)	róż (m)	[ruʃ]

parfum (de/het)	perfumy (l.mn.)	[pɛr'fumɨ]
eau de toilet (de)	woda (ż) toaletowa	['vɔda tɔale'tɔva]
lotion (de)	płyn (m) kosmetyczny	[pwɨn kɔsmɛ'titʃnɨ]
eau de cologne (de)	woda (ż) kolońska	['vɔda kɔ'lɔɲska]

oogschaduw (de)	cienie (l.mn.) do powiek	['tʃene dɔ 'pɔvek]
oogpotlood (het)	kredka (ż) do oczu	['krɛtka dɔ 'ɔtʃu]
mascara (de)	tusz (m) do rzęs	[tuʃ dɔ ʒɛ̃s]

lippenstift (de)	szminka (ż)	['ʃmiŋka]
nagellak (de)	lakier (m) do paznokci	['ʎaker dɔ paz'nɔktʃi]
haarlak (de)	lakier (m) do włosów	['ʎaker dɔ 'vwɔsuv]
deodorant (de)	dezodorant (m)	[dɛzɔ'dɔrant]

crème (de)	krem (m)	[krɛm]
gezichtscrème (de)	krem (m) do twarzy	[krɛm dɔ 'tfaʒi]
handcrème (de)	krem (m) do rąk	[krɛm dɔ rɔ̃k]
dag- (abn)	na dzień	['na dʑeɲ]
nacht- (abn)	nocny	['nɔtsni]

tampon (de)	tampon (m)	['tampɔn]
toiletpapier (het)	papier (m) toaletowy	['paper tɔale'tɔvi]
föhn (de)	suszarka (z) do włosów	[su'ʃarka dɔ 'vwɔsuv]

40. Horloges. Klokken

polshorloge (het)	zegarek (m)	[zɛ'garɛk]
wijzerplaat (de)	tarcza (z) zegarowa	['tartʃa zɛga'rɔva]
wijzer (de)	wskazówka (z)	[fska'zɔfka]
metalen horlogeband (de)	bransoleta (z)	[bransɔ'leta]
horlogebandje (het)	pasek (m)	['pasɛk]

batterij (de)	bateria (z)	[ba'tɛrʲja]
leeg zijn (ww)	wyczerpać się	[vit'ʃɛrpatʃ ɕɛ̃]
batterij vervangen	wymienić baterię	[vi'meniʧ ba'tɛrʰɛ̃]
voorlopen (ww)	śpieszyć się	['ɕpeʃiʧ ɕɛ̃]
achterlopen (ww)	spóźnić się	['spuzʲniʧ ɕɛ̃]

wandklok (de)	zegar (m) ścienny	['zɛgar 'ɕʧeɲi]
zandloper (de)	klepsydra (z)	[klɛp'sidra]
zonnewijzer (de)	zegar (m) słoneczny	['zɛgar swɔ'nɛtʃni]
wekker (de)	budzik (m)	['budʑik]
horlogemaker (de)	zegarmistrz (m)	[zɛ'garmistʃ]
repareren (ww)	naprawiać	[nap'ravʲaʧ]

ALLEDAAGSE ERVARING

41. Geld

geld (het)	pieniądze (l.mn.)	[penɔ̃dzɛ]
ruil (de)	wymiana (ż)	[viˈmʲana]
koers (de)	kurs (m)	[kurs]
geldautomaat (de)	bankomat (m)	[baˈŋkɔmat]
muntstuk (de)	moneta (ż)	[mɔˈnɛta]

dollar (de)	dolar (m)	[ˈdɔʎar]
euro (de)	euro (m)	[ˈɛurɔ]

lire (de)	lir (m)	[lir]
Duitse mark (de)	marka (ż)	[ˈmarka]
frank (de)	frank (m)	[fraŋk]
pond sterling (het)	funt szterling (m)	[funt ˈʃtɛrliŋk]
yen (de)	jen (m)	[en]

schuld (geldbedrag)	dług (m)	[dwuk]
schuldenaar (de)	dłużnik (m)	[ˈdwuʒnik]
uitlenen (ww)	pożyczyć	[pɔˈʒitʃitʃ]
lenen (geld ~)	pożyczyć od …	[pɔˈʒitʃitʃ ɔt]

bank (de)	bank (m)	[baŋk]
bankrekening (de)	konto (n)	[ˈkɔntɔ]
op rekening storten	wpłacić na konto	[ˈvpwatʃitʃ na ˈkɔntɔ]
opnemen (ww)	podjąć z konta	[ˈpɔdʰɔ̃tʃ s ˈkɔnta]

kredietkaart (de)	karta (ż) kredytowa	[ˈkarta krɛdiˈtɔva]
baar geld (het)	gotówka (ż)	[gɔˈtufka]
cheque (de)	czek (m)	[tʃɛk]
een cheque uitschrijven	wystawić czek	[visˈtavitʃ tʃɛk]
chequeboekje (het)	książeczka (ż) czekowa	[kɕɔ̃ˈʒɛtʃka tʃɛˈkɔva]

portefeuille (de)	portfel (m)	[ˈpɔrtfɛʎ]
geldbeugel (de)	portmonetka (ż)	[pɔrtmɔˈnɛtka]
portemonnee (de)	portmonetka (ż)	[pɔrtmɔˈnɛtka]
safe (de)	sejf (m)	[sɛjf]

erfgenaam (de)	spadkobierca (m)	[spatkɔˈbɛrtsa]
erfenis (de)	spadek (m)	[ˈspadɛk]
fortuin (het)	majątek (m)	[maɔ̃tɛk]

huur (de)	dzierżawa (ż)	[dʒerˈʒava]
huurprijs (de)	czynsz (m)	[tʃinʃ]
huren (huis, kamer)	wynajmować	[vinajˈmɔvatʃ]

prijs (de)	cena (ż)	[ˈtsɛna]
kostprijs (de)	wartość (ż)	[ˈvartɔtʃ]

som (de)	suma (z)	['suma]
uitgeven (geld besteden)	wydawać	[vɨ'davatʃ]
kosten (mv.)	wydatki (l.mn.)	[vɨ'datki]
bezuinigen (ww)	oszczędzać	[ɔʃt'ʃɛndzatʃ]
zuinig (bn)	ekonomiczny	[ɛkɔnɔ'mitʃnɨ]

betalen (ww)	płacić	['pwatʃitʃ]
betaling (de)	opłata (z)	[ɔp'wata]
wisselgeld (het)	reszta (z)	['rɛʃta]

belasting (de)	podatek (m)	[pɔ'datɛk]
boete (de)	kara (z)	['kara]
beboeten (bekeuren)	karać grzywną	['karatʃ 'gʒɨvnɔ̃]

42. Post. Postkantoor

postkantoor (het)	poczta (z)	['pɔtʃta]
post (de)	poczta (z)	['pɔtʃta]
postbode (de)	listonosz (m)	[lis'tɔnɔʃ]
openingsuren (mv.)	godziny (l.mn.) pracy	[gɔ'dʒinɨ 'pratsɨ]

brief (de)	list (m)	[list]
aangetekende brief (de)	list (m) polecony	[list pɔle'tsɔnɨ]
briefkaart (de)	pocztówka (z)	[pɔtʃ'tufka]
telegram (het)	telegram (m)	[tɛ'legram]
postpakket (het)	paczka (z)	['patʃka]
overschrijving (de)	przekaz (m) pieniężny	['pʃɛkas pe'nenʒnɨ]

ontvangen (ww)	odebrać	[ɔ'dɛbratʃ]
sturen (zenden)	wysłać	['vɨswatʃ]
verzending (de)	wysłanie (n)	[vɨs'wane]
adres (het)	adres (m)	['adrɛs]
postcode (de)	kod (m) pocztowy	[kɔt pɔtʃ'tɔvɨ]
verzender (de)	nadawca (m)	[na'daftsa]
ontvanger (de)	odbiorca (m)	[ɔd'bɔrtsa]

naam (de)	imię (n)	['imɛ̃]
achternaam (de)	nazwisko (n)	[naz'viskɔ]
tarief (het)	taryfa (z)	[ta'rɨfa]
standaard (bn)	zwykła	['zvɨkwa]
zuinig (bn)	oszczędna	[ɔʃt'ʃɛndna]

gewicht (het)	ciężar (m)	['tʃenʒar]
afwegen (op de weegschaal)	ważyć	['vaʒɨtʃ]
envelop (de)	koperta (z)	[kɔ'pɛrta]
postzegel (de)	znaczek (m)	['znatʃɛk]
een postzegel plakken op	naklejać znaczek	[nak'lejatʃ 'znatʃɛk]

43. Bankieren

| bank (de) | bank (m) | [baŋk] |
| bankfiliaal (het) | filia (z) | ['fiʎja] |

bankbediende (de)	konsultant (m)	[kɔn'suʌtant]
manager (de)	kierownik (m)	[ke'rɔvnik]

bankrekening (de)	konto (n)	['kɔntɔ]
rekeningnummer (het)	numer (m) konta	['numɛr 'kɔnta]
lopende rekening (de)	rachunek (m) bieżący	[ra'hunɛk be'ʒɔ̃tsi]
spaarrekening (de)	rachunek (m) oszczędnościowy	[ra'hunɛk ɔʃtʃɛdnɔɕ'tʃɔvi]

een rekening openen	założyć konto	[za'wɔʒitʃ 'kɔntɔ]
de rekening sluiten	zamknąć konto	['zamknɔɲtʃ 'kɔtɔ]
op rekening storten	wpłacić na konto	['vpwatʃitʃ na 'kɔntɔ]
opnemen (ww)	podjąć z konta	['pɔdʰɔ̃tʃ s 'kɔnta]

storting (de)	wkład (m)	[fkwat]
een storting maken	dokonać wpłaty	[dɔ'kɔnatʃ 'fpwati]
overschrijving (de)	przelew (m)	['pʃɛlev]
een overschrijving maken	dokonać przelewu	[dɔ'kɔnatʃ pʃɛ'levu]

som (de)	suma (ż)	['suma]
Hoeveel?	Ile?	['ile]

handtekening (de)	podpis (m)	['pɔdpis]
ondertekenen (ww)	podpisać	[pɔd'pisatʃ]

kredietkaart (de)	karta (ż) kredytowa	['karta krɛdi'tɔva]
code (de)	kod (m)	[kɔd]
kredietkaartnummer (het)	numer (m) karty kredytowej	['numɛr 'karti krɛdi'tɔvɛj]
geldautomaat (de)	bankomat (m)	[ba'ŋkɔmat]

cheque (de)	czek (m)	[tʃɛk]
een cheque uitschrijven	wystawić czek	[vis'tavitʃ tʃɛk]
chequeboekje (het)	książeczka (ż) czekowa	[kɕɔ̃'ʒɛtʃka tʃɛ'kɔva]

lening, krediet (de)	kredyt (m)	['krɛdit]
een lening aanvragen	wystąpić o kredyt	[vis'tɔ̃pitʃ ɔ 'krɛdit]
een lening nemen	brać kredyt	[bratʃ 'krɛdit]
een lening verlenen	udzielać kredytu	[u'dʑeʌatʃ krɛ'ditu]
garantie (de)	gwarancja (ż)	[gva'rantsʰja]

44. Telefoon. Telefoongesprek

telefoon (de)	telefon (m)	[tɛ'lefɔn]
mobieltje (het)	telefon (m) komórkowy	[tɛ'lefɔn kɔmur'kɔvi]
antwoordapparaat (het)	sekretarka (ż)	[sɛkrɛ'tarka]

bellen (ww)	dzwonić	['dzvɔnitʃ]
belletje (telefoontje)	telefon (m)	[tɛ'lefɔn]

een nummer draaien	wybrać numer	['vibratʃ 'numɛr]
Hallo!	Halo!	['halɔ]
vragen (ww)	zapytać	[za'pitatʃ]
antwoorden (ww)	odpowiedzieć	[ɔtpɔ'vedʑetʃ]
horen (ww)	słyszeć	['swiʃɛtʃ]

goed (bw)	dobrze	['dɔbʒɛ]
slecht (bw)	źle	[ʑle]
storingen (mv.)	zakłócenia (l.mn.)	[zakwu'tsɛɲa]

hoorn (de)	słuchawka (z)	[swu'hafka]
opnemen (ww)	podnieść słuchawkę	['pɔdneɕtʃ swu'hafkɛ̃]
ophangen (ww)	odłożyć słuchawkę	[ɔd'wɔʒitʃ swu'hafkɛ̃]

bezet (bn)	zajęty	[za'enti]
overgaan (ww)	dzwonić	['dzvɔnitʃ]
telefoonboek (het)	książka (z) telefoniczna	[kɕɔ̃ʃka tɛlefɔ'nitʃna]

lokaal (bn)	miejscowy	[mejs'tsɔvi]
interlokaal (bn)	międzymiastowy	[mɛ̃dzimʲas'tɔvi]
buitenlands (bn)	międzynarodowy	[mɛ̃dzinarɔ'dɔvi]

45. Mobiele telefoon

mobieltje (het)	telefon (m) komórkowy	[tɛ'lefɔn kɔmur'kɔvi]
scherm (het)	wyświetlacz (m)	[viɕ'fetʎatʃ]
toets, knop (de)	klawisz (m)	['kʎaviʃ]
simkaart (de)	karta (z) SIM	['karta sim]

batterij (de)	bateria (z)	[ba'tɛrʰja]
leeg zijn (ww)	rozładować się	[rɔzwa'dɔvatʃ ɕɛ̃]
acculader (de)	ładowarka (z)	[wadɔ'varka]

menu (het)	menu (n)	['menu]
instellingen (mv.)	ustawienia (l.mn.)	[usta'veɲa]
melodie (beltoon)	melodia (z)	[mɛ'lɔdʰja]
selecteren (ww)	wybrać	['vibratʃ]

rekenmachine (de)	kalkulator (m)	[kaʎku'ʎatɔr]
voicemail (de)	sekretarka (z)	[sɛkrɛ'tarka]
wekker (de)	budzik (m)	['budʑik]
contacten (mv.)	kontakty (l.mn.)	[kɔn'takti]

| SMS-bericht (het) | SMS (m) | [ɛs ɛm ɛs] |
| abonnee (de) | abonent (m) | [a'bɔnɛnt] |

46. Schrijfbehoeften

| balpen (de) | długopis (m) | [dwu'gɔpis] |
| vulpen (de) | pióro (n) | ['pyrɔ] |

potlood (het)	ołówek (m)	[ɔ'wuvɛk]
marker (de)	marker (m)	['markɛr]
viltstift (de)	flamaster (m)	[fʎa'mastɛr]

notitieboekje (het)	notes (m)	['nɔtɛs]
agenda (boekje)	kalendarz (m)	[ka'lendaʃ]
liniaal (de/het)	linijka (z)	[li'nijka]

rekenmachine (de)	kalkulator (m)	[kaʎkuˈʎatɔr]
gom (de)	gumka (ż)	[ˈgumka]
punaise (de)	pinezka (ż)	[piˈnɛska]
paperclip (de)	spinacz (m)	[ˈspinatʃ]

lijm (de)	klej (m)	[klej]
nietmachine (de)	zszywacz (m)	[ˈsʃivatʃ]
perforator (de)	dziurkacz (m)	[ˈdʒyrkatʃ]
potloodslijper (de)	temperówka (ż)	[tɛmpɛˈrufka]

47. Vreemde talen

taal (de)	język (m)	[ˈenzɨk]
vreemde taal (de)	obcy język (m)	[ˈɔbtsɨ ˈenzɨk]
leren (bijv. van buiten ~)	studiować	[studˤɜvatʃ]
studeren (Nederlands ~)	uczyć się	[ˈutʃitʃ ɕɛ̃]

lezen (ww)	czytać	[ˈtʃitatʃ]
spreken (ww)	mówić	[ˈmuvitʃ]
begrijpen (ww)	rozumieć	[rɔˈzumetʃ]
schrijven (ww)	pisać	[ˈpisatʃ]

snel (bw)	szybko	[ˈʃɨpkɔ]
langzaam (bw)	wolno	[ˈvɔʎnɔ]
vloeiend (bw)	swobodnie	[sfɔˈbɔdne]

regels (mv.)	reguły (l.mn.)	[rɛˈguwɨ]
grammatica (de)	gramatyka (ż)	[graˈmatɨka]
vocabulaire (het)	słownictwo (n)	[swɔvˈnitstfɔ]
fonetiek (de)	fonetyka (ż)	[fɔˈnɛtɨka]

leerboek (het)	podręcznik (m)	[pɔdˈrɛntʃnik]
woordenboek (het)	słownik (m)	[ˈswɔvnik]
leerboek (het) voor zelfstudie	samouczek (m)	[samɔˈutʃɛk]
taalgids (de)	rozmówki (l.mn.)	[rɔzˈmufki]

cassette (de)	kaseta (ż)	[kaˈsɛta]
videocassette (de)	kaseta (ż) wideo	[kaˈsɛta viˈdɛɔ]
CD (de)	płyta CD (ż)	[ˈpwɨta siˈdi]
DVD (de)	płyta DVD (ż)	[ˈpwɨta diviˈdi]

alfabet (het)	alfabet (m)	[aʎˈfabɛt]
spellen (ww)	przeliterować	[pʃɛliteˈrɔvatʃ]
uitspraak (de)	wymowa (ż)	[vɨˈmɔva]

accent (het)	akcent (m)	[ˈaktsɛnt]
met een accent (bw)	z akcentem	[z akˈtsɛntɛm]
zonder accent (bw)	bez akcentu	[bɛz akˈtsɛntu]

| woord (het) | wyraz (m), słowo (n) | [ˈvɨras], [ˈsvɔvɔ] |
| betekenis (de) | znaczenie (n) | [znaˈtʃɛnie] |

| cursus (de) | kurs (m) | [kurs] |
| zich inschrijven (ww) | zapisać się | [zaˈpisatʃ ɕɛ̃] |

leraar (de)	wykładowca (m)	[vikwa'doftsa]
vertaling (een ~ maken)	tłumaczenie (n)	[twumat'ʃɛne]
vertaling (tekst)	przekład (m)	['pʃɛkwat]
vertaler (de)	tłumacz (m)	['twumatʃ]
tolk (de)	tłumacz (m)	['twumatʃ]
polyglot (de)	poliglota (m)	[polig'lɔta]
geheugen (het)	pamięć (ż)	['pamɛ̃tʃ]

MAALTIJDEN. RESTAURANT

48. Tafelschikking

lepel (de)	łyżka (ż)	['wiʃka]
mes (het)	nóż (m)	[nuʃ]
vork (de)	widelec (m)	[vi'dɛlets]
kopje (het)	filiżanka (ż)	[fili'ʒaŋka]
bord (het)	talerz (m)	['taleʃ]
schoteltje (het)	spodek (m)	['spɔdɛk]
servet (het)	serwetka (ż)	[sɛr'vɛtka]
tandenstoker (de)	wykałaczka (ż)	[vika'watʃka]

49. Restaurant

restaurant (het)	restauracja (ż)	[rɛstau'ratsʰja]
koffiehuis (het)	kawiarnia (ż)	[ka'vʲarɲa]
bar (de)	bar (m)	[bar]
tearoom (de)	herbaciarnia (ż)	[hɛrba'tʃʲarɲa]

kelner, ober (de)	kelner (m)	['kɛʎnɛr]
serveerster (de)	kelnerka (ż)	[kɛʎ'nɛrka]
barman (de)	barman (m)	['barman]

menu (het)	menu (n)	['menu]
wijnkaart (de)	karta (ż) win	['karta vin]
een tafel reserveren	zarezerwować stolik	[zarɛzɛrvɔvatʃ 'stɔlik]

gerecht (het)	danie (n)	['dane]
bestellen (eten ~)	zamówić	[za'muvitʃ]
een bestelling maken	zamówić	[za'muvitʃ]

aperitief (de/het)	aperitif (m)	[apɛri'tif]
voorgerecht (het)	przystawka (ż)	[pʃis'tafka]
dessert (het)	deser (m)	['dɛsɛr]

rekening (de)	rachunek (m)	[ra'hunɛk]
de rekening betalen	zapłacić rachunek	[zap'watʃitʃ ra'hunɛk]
wisselgeld teruggeven	wydać resztę	['vidatʃ 'rɛʃtɛ̃]
fooi (de)	napiwek (m)	[na'pivɛk]

50. Maaltijden

eten (het)	jedzenie (n)	[e'dzɛne]
eten (ww)	jeść	[eɕtʃ]

ontbijt (het)	śniadanie (n)	[ɕɲa'dane]
ontbijten (ww)	jeść śniadanie	[eɕtʃ ɕɲa'dane]
lunch (de)	obiad (m)	['ɔbʲat]
lunchen (ww)	jeść obiad	[eɕtʃ 'ɔbʲat]
avondeten (het)	kolacja (ż)	[ko'ʎatsʰja]
souperen (ww)	jeść kolację	[eɕtʃ ko'ʎatsʰɛ̃]

| eetlust (de) | apetyt (m) | [a'pɛtɨt] |
| Eet smakelijk! | Smacznego! | [smatʃ'nɛgɔ] |

openen (een fles ~)	otwierać	[ɔt'feratʃ]
morsen (koffie, enz.)	rozlać	['rɔzʎatʃ]
zijn gemorst	rozlać się	['rɔzʎatʃ ɕɛ̃]

koken (water kookt bij 100°C)	gotować się	[gɔ'tɔvatʃ ɕɛ̃]
koken (Hoe om water te ~)	gotować	[gɔ'tɔvatʃ]
gekookt (~ water)	gotowany	[gɔtɔ'vanɨ]
afkoelen (koeler maken)	ostudzić	[ɔs'tudʑitʃ]
afkoelen (koeler worden)	stygnąć	['stɨgnɔ̃tʃ]

| smaak (de) | smak (m) | [smak] |
| nasmaak (de) | posmak (m) | ['pɔsmak] |

volgen een dieet	odchudzać się	[ɔd'hudzatʃ ɕɛ̃]
dieet (het)	dieta (ż)	['dʰeta]
vitamine (de)	witamina (ż)	[vita'mina]
calorie (de)	kaloria (ż)	[ka'lɔrja]
vegetariër (de)	wegetarianin (m)	[vɛgɛtarʰ'janin]
vegetarisch (bn)	wegetariański	[vɛgɛtarʰ'jaɲski]

vetten (mv.)	tłuszcze (l.mn.)	['twuʃtʃɛ]
eiwitten (mv.)	białka (l.mn.)	['bʲawka]
koolhydraten (mv.)	węglowodany (l.mn.)	[vɛnɛ̃ɜvɔ'danɨ]
snede (de)	plasterek (m)	[pʎas'tɛrɛk]
stuk (bijv. een ~ taart)	kawałek (m)	[ka'vawɛk]
kruimel (de)	okruchek (m)	[ɔk'ruhɛk]

51. Bereide gerechten

gerecht (het)	danie (n)	['dane]
keuken (bijv. Franse ~)	kuchnia (ż)	['kuhɲa]
recept (het)	przepis (m)	['pʃɛpis]
portie (de)	porcja (ż)	['pɔrtsʰja]

| salade (de) | sałatka (ż) | [sa'watka] |
| soep (de) | zupa (ż) | ['zupa] |

bouillon (de)	rosół (m)	['rɔsuw]
boterham (de)	kanapka (ż)	[ka'napka]
spiegelei (het)	jajecznica (ż)	[jaetʃ'nitsa]

hamburger (de)	kotlet (m)	['kɔtlɛt]
hamburger (de)	hamburger (m)	[ham'burgɛr]
biefstuk (de)	befsztyk (m)	['bɛfʃtɨk]

hutspot (de)	pieczeń (ż)	['petʃɛɲ]
garnering (de)	dodatki (l.mn.)	[do'datki]
spaghetti (de)	spaghetti (n)	[spa'gɛtti]
pizza (de)	pizza (ż)	['pitsa]
pap (de)	kasza (ż)	['kaʃa]
omelet (de)	omlet (m)	['ɔmlɛt]

gekookt (in water)	gotowany	[gɔtɔ'vani]
gerookt (bn)	wędzony	[vɛ̃'dzɔni]
gebakken (bn)	smażony	[sma'ʒɔni]
gedroogd (bn)	suszony	[su'ʃɔni]
diepvries (bn)	mrożony	[mrɔ'ʒɔni]
gemarineerd (bn)	marynowany	[marinɔ'vani]

zoet (bn)	słodki	['swɔtki]
gezouten (bn)	słony	['swɔni]
koud (bn)	zimny	['ʒimni]
heet (bn)	gorący	[gɔ'rɔ̃tsi]
bitter (bn)	gorzki	['gɔʃki]
lekker (bn)	smaczny	['smatʃni]

koken (in kokend water)	gotować	[gɔ'tɔvatʃ]
bereiden (avondmaaltijd ~)	gotować	[gɔ'tɔvatʃ]
bakken (ww)	smażyć	['smaʒitʃ]
opwarmen (ww)	odgrzewać	[ɔdg'ʒɛvatʃ]

zouten (ww)	solić	['sɔlitʃ]
peperen (ww)	pieprzyć	['pepʃitʃ]
raspen (ww)	trzeć	[tʃɛtʃ]
schil (de)	skórka (ż)	['skurka]
schillen (ww)	obierać	[ɔ'beratʃ]

52. Voedsel

vlees (het)	mięso (n)	['mensɔ]
kip (de)	kurczak (m)	['kurtʃak]
kuiken (het)	kurczak (m)	['kurtʃak]
eend (de)	kaczka (ż)	['katʃka]
gans (de)	gęś (ż)	[gɛ̃ɕ]
wild (het)	dziczyzna (ż)	[dʒit'ʃizna]
kalkoen (de)	indyk (m)	['indik]

varkensvlees (het)	wieprzowina (ż)	[vepʃɔ'vina]
kalfsvlees (het)	cielęcina (ż)	[tʃelɛ̃'tʃina]
schapenvlees (het)	baranina (ż)	[bara'nina]
rundvlees (het)	wołowina (ż)	[vɔwɔ'vina]
konijnenvlees (het)	królik (m)	['krulik]

worst (de)	kiełbasa (ż)	[kew'basa]
saucijs (de)	parówka (ż)	[pa'rufka]
spek (het)	boczek (m)	['bɔtʃɛk]
ham (de)	szynka (ż)	['ʃinka]
gerookte achterham (de)	szynka (ż)	['ʃinka]
paté, pastei (de)	pasztet (m)	['paʃtɛt]

lever (de)	wątróbka (ż)	[vɔ̃t'rupka]
varkensvet (het)	smalec (m)	['smaleʦ]
gehakt (het)	farsz (m)	[farʃ]
tong (de)	ozór (m)	['ɔzur]

ei (het)	jajko (n)	['jajkɔ]
eieren (mv.)	jajka (l.mn.)	['jajka]
eiwit (het)	białko (n)	['bʲawkɔ]
eigeel (het)	żółtko (n)	['ʒuwtkɔ]

vis (de)	ryba (ż)	['riba]
zeevruchten (mv.)	owoce (l.mn.) morza	[ɔ'vɔʦɛ 'mɔʒa]
kaviaar (de)	kawior (m)	['kavɜr]

krab (de)	krab (m)	[krap]
garnaal (de)	krewetka (ż)	[krɛ'vɛtka]
oester (de)	ostryga (ż)	[ɔst'riga]
langoest (de)	langusta (ż)	[ʎa'ŋusta]
octopus (de)	ośmiornica (ż)	[ɔɕmɜr'niʦa]
inktvis (de)	kałamarnica (ż)	[kawamar'niʦa]

steur (de)	mięso (n) jesiotra	['mensɔ e'ɕɜtra]
zalm (de)	łosoś (m)	['wɔsɔɕ]
heilbot (de)	halibut (m)	[ha'libut]

kabeljauw (de)	dorsz (m)	[dɔrʃ]
makreel (de)	makrela (ż)	[mak'rɛla]
tonijn (de)	tuńczyk (m)	['tuɲʧik]
paling (de)	węgorz (m)	['vɛŋɔʃ]

forel (de)	pstrąg (m)	[pstrɔ̃k]
sardine (de)	sardynka (ż)	[sar'diŋka]
snoek (de)	szczupak (m)	['ʃʧupak]
haring (de)	śledź (m)	[ɕleʨ]

brood (het)	chleb (m)	[hlep]
kaas (de)	ser (m)	[sɛr]
suiker (de)	cukier (m)	['ʦuker]
zout (het)	sól (ż)	[suʎ]

rijst (de)	ryż (m)	[riʃ]
pasta (de)	makaron (m)	[ma'karɔn]
noedels (mv.)	makaron (m)	[ma'karɔn]

boter (de)	masło (n) śmietankowe	['maswɔ ɕmeta'ŋkɔvɛ]
plantaardige olie (de)	olej (m) roślinny	['ɔlej rɔɕliɲi]
zonnebloemolie (de)	olej (m) słonecznikowy	['ɔlej swɔnɛʧnikɔvi]
margarine (de)	margaryna (ż)	[marga'rina]

| olijven (mv.) | oliwki (ż, l.mn.) | [ɔ'lifki] |
| olijfolie (de) | olej (m) oliwkowy | ['ɔlej ɔlif'kɔvi] |

melk (de)	mleko (n)	['mlekɔ]
gecondenseerde melk (de)	mleko (n) skondensowane	['mlekɔ skɔndɛnsɔ'vanɛ]
yoghurt (de)	jogurt (m)	[ʒgurt]
zure room (de)	śmietana (ż)	[ɕme'tana]

room (de)	śmietanka (ż)	[ɕme'taŋka]
mayonaise (de)	majonez (m)	[maɜnɛs]
crème (de)	krem (m)	[krɛm]

graan (het)	kasza (ż)	['kaʃa]
meel (het), bloem (de)	mąka (ż)	['mɔ̃ka]
conserven (mv.)	konserwy (l.mn.)	[kɔn'sɛrvɨ]

maïsvlokken (mv.)	płatki (l.mn.) kukurydziane	['pwatki kukurɨ'dʒ'anɛ]
honing (de)	miód (m)	[myt]
jam (de)	dżem (m)	[dʒɛm]
kauwgom (de)	guma (ż) do żucia	['guma dɔ 'ʒutʃ'a]

53. Drankjes

water (het)	woda (ż)	['vɔda]
drinkwater (het)	woda (ż) pitna	['vɔda 'pitna]
mineraalwater (het)	woda (ż) mineralna	['vɔda minɛ'raʎna]

zonder gas	niegazowana	[nega'zɔvana]
koolzuurhoudend (bn)	gazowana	[ga'zɔvana]
bruisend (bn)	gazowana	[ga'zɔvana]
IJs (het)	lód (m)	[lyt]
met ijs	z lodem	[z 'lɔdɛm]

alcohol vrij (bn)	bezalkoholowy	[bɛzaʎkɔhɔ'lɔvɨ]
alcohol vrije drank (de)	napój (m) bezalkoholowy	['napuj bɛzalkɔhɔ'lɔvɨ]
frisdrank (de)	napój (m) orzeźwiający	['napuj ɔʒɛz'vjaɔ̃tsɨ]
limonade (de)	lemoniada (ż)	[lemɔ'njada]

alcoholische dranken (mv.)	napoje (l.mn.) alkoholowe	[na'pɔe aʎkɔhɔ'lɔvɛ]
wijn (de)	wino (n)	['vinɔ]
witte wijn (de)	białe wino (n)	['b'awɛ 'vinɔ]
rode wijn (de)	czerwone wino (n)	[tʃɛr'vɔnɛ 'vinɔ]

likeur (de)	likier (m)	['liker]
champagne (de)	szampan (m)	['ʃampan]
vermout (de)	wermut (m)	['vɛrmut]

whisky (de)	whisky (ż)	[u'iski]
wodka (de)	wódka (ż)	['vutka]
gin (de)	dżin (m), gin (m)	[dʒin]
cognac (de)	koniak (m)	['kɔɲjak]
rum (de)	rum (m)	[rum]

koffie (de)	kawa (ż)	['kava]
zwarte koffie (de)	czarna kawa (ż)	['tʃarna 'kava]
koffie (de) met melk	kawa (ż) z mlekiem	['kava z 'mlekem]
cappuccino (de)	cappuccino (n)	[kapu'tʃinɔ]
oploskoffie (de)	kawa (ż) rozpuszczalna	['kava rɔspuʃt'ʃaʎna]

melk (de)	mleko (n)	['mlekɔ]
cocktail (de)	koktajl (m)	['kɔktajʎ]
milkshake (de)	koktajl (m) mleczny	['kɔktajʎ 'mletʃnɨ]

sap (het)	**sok** (m)	[sɔk]
tomatensap (het)	**sok** (m) **pomidorowy**	[sɔk pɔmidɔ'rɔvɨ]
sinaasappelsap (het)	**sok** (m) **pomarańczowy**	[sɔk pɔmaraɲt'ʃɔvɨ]
vers geperst sap (het)	**sok** (m) **ze świeżych owoców**	[sɔk zɛ 'ɕfeʒɨh ɔ'vɔtsuf]
bier (het)	**piwo** (n)	['pivɔ]
licht bier (het)	**piwo** (n) **jasne**	[pivɔ 'jasnɛ]
donker bier (het)	**piwo** (n) **ciemne**	[pivɔ 'tʃemnɛ]
thee (de)	**herbata** (ż)	[hɛr'bata]
zwarte thee (de)	**czarna herbata** (ż)	['tʃarna hɛr'bata]
groene thee (de)	**zielona herbata** (ż)	[ʒe'lɔna hɛr'bata]

54. Groenten

groenten (mv.)	**warzywa** (l.mn.)	[va'ʒɨva]
verse kruiden (mv.)	**włoszczyzna** (ż)	[vwɔʃt'ʃɨzna]
tomaat (de)	**pomidor** (m)	[pɔ'midɔr]
augurk (de)	**ogórek** (m)	[ɔ'gurɛk]
wortel (de)	**marchew** (ż)	['marhɛf]
aardappel (de)	**ziemniak** (m)	[ʒem'ɲak]
ui (de)	**cebula** (ż)	[tsɛ'buʎa]
knoflook (de)	**czosnek** (m)	['tʃɔsnɛk]
kool (de)	**kapusta** (ż)	[ka'pusta]
bloemkool (de)	**kalafior** (m)	[ka'ʎafɔr]
spruitkool (de)	**brukselka** (ż)	[bruk'sɛʎka]
broccoli (de)	**brokuły** (l.mn.)	[brɔ'kuwɨ]
rode biet (de)	**burak** (m)	['burak]
aubergine (de)	**bakłażan** (m)	[bak'waʒan]
courgette (de)	**kabaczek** (m)	[ka'batʃɛk]
pompoen (de)	**dynia** (ż)	['dɨɲa]
raap (de)	**rzepa** (ż)	['ʒɛpa]
peterselie (de)	**pietruszka** (ż)	[pet'ruʃka]
dille (de)	**koperek** (m)	[kɔ'pɛrɛk]
sla (de)	**sałata** (ż)	[sa'wata]
selderij (de)	**seler** (m)	['sɛler]
asperge (de)	**szparagi** (l.mn.)	[ʃpa'ragi]
spinazie (de)	**szpinak** (m)	['ʃpinak]
erwt (de)	**groch** (m)	[grɔh]
bonen (mv.)	**bób** (m)	[bup]
maïs (de)	**kukurydza** (ż)	[kuku'rɨdza]
boon (de)	**fasola** (ż)	[fa'sɔʎa]
peper (de)	**słodka papryka** (ż)	['swɔdka pap'rika]
radijs (de)	**rzodkiewka** (ż)	[ʒɔt'kefka]
artisjok (de)	**karczoch** (m)	['kartʃɔh]

55. Vruchten. Noten

vrucht (de)	owoc (m)	['ɔvɔts]
appel (de)	jabłko (n)	['jabkɔ]
peer (de)	gruszka (ż)	['gruʃka]
citroen (de)	cytryna (ż)	[tsit'rina]
sinaasappel (de)	pomarańcza (ż)	[pɔma'raɲtʃa]
aardbei (de)	truskawka (ż)	[trus'kafka]

mandarijn (de)	mandarynka (ż)	[manda'riŋka]
pruim (de)	śliwka (ż)	['ɕlifka]
perzik (de)	brzoskwinia (ż)	[bʒɔsk'fiɲa]
abrikoos (de)	morela (ż)	[mɔ'rɛʎa]
framboos (de)	malina (ż)	[ma'lina]
ananas (de)	ananas (m)	[a'nanas]

banaan (de)	banan (m)	['banan]
watermeloen (de)	arbuz (m)	['arbus]
druif (de)	winogrona (l.mn.)	[vinɔg'rɔna]
zure kers (de)	wiśnia (ż)	['viɕɲa]
zoete kers (de)	czereśnia (ż)	[tʃɛ'rɛɕɲa]
meloen (de)	melon (m)	['mɛlɔn]

grapefruit (de)	grejpfrut (m)	['grɛjpfrut]
avocado (de)	awokado (n)	[avɔ'kadɔ]
papaja (de)	papaja (ż)	[pa'paja]
mango (de)	mango (n)	['maŋɔ]
granaatappel (de)	granat (m)	['granat]

rode bes (de)	czerwona porzeczka (ż)	[tʃɛr'vɔna pɔ'ʒɛtʃka]
zwarte bes (de)	czarna porzeczka (ż)	['tʃarna pɔ'ʒɛtʃka]
kruisbes (de)	agrest (m)	['agrɛst]
bosbes (de)	borówka (ż) czarna	[bɔ'rɔfka 'tʃarna]
braambes (de)	jeżyna (ż)	[e'ʒina]

rozijn (de)	rodzynek (m)	[rɔ'dzinɛk]
vijg (de)	figa (ż)	['figa]
dadel (de)	daktyl (m)	['daktil]

pinda (de)	orzeszek (l.mn.) ziemny	[ɔ'ʒɛʃɛk 'ʒemnɛ]
amandel (de)	migdał (m)	['migdaw]
walnoot (de)	orzech (m) włoski	['ɔʒɛh 'vwɔski]
hazelnoot (de)	orzech (m) laskowy	['ɔʒɛh ʎas'kɔvi]
kokosnoot (de)	orzech (m) kokosowy	['ɔʒɛh kɔkɔ'sɔvi]
pistaches (mv.)	fistaszki (l.mn.)	[fis'taʃki]

56. Brood. Snoep

suikerbakkerij (de)	wyroby (l.mn.) cukiernicze	[vi'rɔbi tsuker'nitʃɛ]
brood (het)	chleb (m)	[hlep]
koekje (het)	herbatniki (l.mn.)	[hɛrbat'niki]
chocolade (de)	czekolada (ż)	[tʃɛkɔ'ʎada]
chocolade- (abn)	czekoladowy	[tʃɛkɔʎa'dɔvi]

snoepje (het)	cukierek (m)	[tsu'kerɛk]
cakeje (het)	ciastko (n)	['tʃastkɔ]
taart (bijv. verjaardags~)	tort (m)	[tɔrt]

| pastei (de) | ciasto (n) | ['tʃastɔ] |
| vulling (de) | nadzienie (n) | [na'dʑene] |

confituur (de)	konfitura (z)	[kɔnfi'tura]
marmelade (de)	marmolada (z)	[marmɔ'ʎada]
wafel (de)	wafle (l.mn.)	['vafle]
IJsje (het)	lody (l.mn.)	['lɔdɨ]

57. Kruiden

zout (het)	sól (z)	[suʎ]
gezouten (bn)	słony	['swɔnɨ]
zouten (ww)	solić	['sɔlitʃ]

zwarte peper (de)	pieprz (m) czarny	[pepʃ 'tʃarnɨ]
rode peper (de)	papryka (z)	[pap'rɨka]
mosterd (de)	musztarda (z)	[muʃ'tarda]
mierikswortel (de)	chrzan (m)	[hʃan]

condiment (het)	przyprawa (z)	[pʃɨp'rava]
specerij , kruiderij (de)	przyprawa (z)	[pʃɨp'rava]
saus (de)	sos (m)	[sɔs]
azijn (de)	ocet (m)	['ɔtset]

anijs (de)	anyż (m)	['aniʃ]
basilicum (de)	bazylia (z)	[ba'zɨʎja]
kruidnagel (de)	goździki (l.mn.)	['gɔʑdʑiki]
gember (de)	imbir (m)	['imbir]
koriander (de)	kolendra (z)	[kɔ'lendra]
kaneel (de/het)	cynamon (m)	[tsɨ'namɔn]

sesamzaad (het)	sezam (m)	['sɛzam]
laurierblad (het)	liść (m) laurowy	[liɕtʃ ʎau'rɔvɨ]
paprika (de)	papryka (z)	[pap'rɨka]
komijn (de)	kminek (m)	['kminɛk]
saffraan (de)	szafran (m)	['ʃafran]

PERSOONLIJKE INFORMATIE. FAMILIE

58. Persoonlijke informatie. Formulieren

naam (de)	imię (n)	['imɛ̃]
achternaam (de)	nazwisko (n)	[naz'viskɔ]
geboortedatum (de)	data (ż) urodzenia	['data urɔ'dzɛɲa]
geboorteplaats (de)	miejsce (n) urodzenia	['mejstsɛ urɔ'dzɛɲa]
nationaliteit (de)	narodowość (ż)	[narɔ'dɔvɔɕʧ]
woonplaats (de)	miejsce (n) zamieszkania	['mejstse zameʃ'kaɲa]
land (het)	kraj (m)	[kraj]
beroep (het)	zawód (m)	['zavut]
geslacht (ov. het vrouwelijk ~)	płeć (ż)	['pwɛʧ]
lengte (de)	wzrost (m)	[vzrɔst]
gewicht (het)	waga (ż)	['vaga]

59. Familieleden. Verwanten

moeder (de)	matka (ż)	['matka]
vader (de)	ojciec (m)	['ɔjʧets]
zoon (de)	syn (m)	[sɨn]
dochter (de)	córka (ż)	['tsurka]
jongste dochter (de)	młodsza córka (ż)	['mwɔtʃa 'tsurka]
jongste zoon (de)	młodszy syn (m)	['mwɔtʃɨ sɨn]
oudste dochter (de)	starsza córka (ż)	['starʃa 'tsurka]
oudste zoon (de)	starszy syn (m)	['starʃɨ sɨn]
broer (de)	brat (m)	[brat]
zuster (de)	siostra (ż)	['ɕɔstra]
neef (zoon van oom/tante)	kuzyn (m)	['kuzɨn]
nicht (dochter van oom/tante)	kuzynka (ż)	[ku'zɨŋka]
mama (de)	mama (ż)	['mama]
papa (de)	tata (m)	['tata]
ouders (mv.)	rodzice (l.mn.)	[rɔ'dʑiʦɛ]
kind (het)	dziecko (n)	['dʑeʦkɔ]
kinderen (mv.)	dzieci (l.mn.)	['dʑeʨi]
oma (de)	babcia (ż)	['babʨa]
opa (de)	dziadek (m)	['dʑadɛk]
kleinzoon (de)	wnuk (m)	[vnuk]
kleindochter (de)	wnuczka (ż)	['vnutʃka]
kleinkinderen (mv.)	wnuki (l.mn.)	['vnuki]
oom (de)	wujek (m)	['vuek]

tante (de)	ciocia (ż)	['ʧoʧ'a]
neef (zoon van broer/zus)	bratanek (m), siostrzeniec (m)	[bra'tanɛk], [sɜst'ʃɛneʦ]
nicht (dochter van broer/zus)	bratanica (ż), siostrzenica (ż)	[brata'niʦa], [sɜst'ʃɛniʦa]

schoonmoeder (de)	teściowa (ż)	[tɛɕ'ʧova]
schoonvader (de)	teść (m)	[tɛɕʧ]
schoonzoon (de)	zięć (m)	[ʒɛ̃ʧ]
stiefmoeder (de)	macocha (ż)	[ma'ʦɔha]
stiefvader (de)	ojczym (m)	['ɔjʧim]

zuigeling (de)	niemowlę (n)	[ne'mɔvlɛ̃]
wiegenkind (het)	niemowlę (n)	[ne'mɔvlɛ̃]
kleuter (de)	maluch (m)	['malyh]

vrouw (de)	żona (ż)	['ʒɔna]
man (de)	mąż (m)	[mɔ̃ʃ]
echtgenoot (de)	małżonek (m)	[maw'ʒɔnɛk]
echtgenote (de)	małżonka (ż)	[maw'ʒɔŋka]

gehuwd (mann.)	żonaty	[ʒɔ'nati]
gehuwd (vrouw.)	zamężna	[za'mɛnʒna]
ongehuwd (mann.)	nieżonaty	[neʒɔ'nati]
vrijgezel (de)	kawaler (m)	[ka'valer]
gescheiden (bn)	rozwiedziony	[rɔzve'dʑɲi]
weduwe (de)	wdowa (ż)	['vdɔva]
weduwnaar (de)	wdowiec (m)	['vdɔveʦ]

familielid (het)	krewny (m)	['krɛvɲi]
dichte familielid (het)	bliski krewny (m)	['bliski 'krɛvɲi]
verre familielid (het)	daleki krewny (m)	[da'leki 'krɛvɲi]
familieleden (mv.)	rodzina (ż)	[rɔ'dʑina]

wees (de), weeskind (het)	sierota (ż)	[ɕe'rɔta]
voogd (de)	opiekun (m)	[ɔ'pekun]
adopteren (een jongen te ~)	zaadoptować	[za:dɔp'tɔvaʧ]
adopteren (een meisje te ~)	zaadoptować	[za:dɔp'tɔvaʧ]

60. Vrienden. Collega's

vriend (de)	przyjaciel (m)	[pʃi'jaʧeʎ]
vriendin (de)	przyjaciółka (ż)	[pʃija'ʧuwka]
vriendschap (de)	przyjaźń (ż)	['pʃijaʑɲ]
bevriend zijn (ww)	przyjaźnić się	[pʃi'jaʑniʧ ɕɛ̃]

makker (de)	kumpel (m)	['kumpɛʎ]
vriendin (de)	kumpela (ż)	[kum'pɛʎa]
partner (de)	partner (m)	['partnɛr]

chef (de)	szef (m)	[ʃɛf]
baas (de)	kierownik (m)	[ke'rɔvnik]
ondergeschikte (de)	podwładny (m)	[pɔdv'wadɲi]
collega (de)	koleżanka (ż)	[kɔle'ʒaŋka]
kennis (de)	znajomy (m)	[znaʒmi]
medereiziger (de)	towarzysz (m) podróży	[tɔ'vaʒiʃ pɔd'ruʒi]

klasgenoot (de)	kolega (m) z klasy	[kɔ'lega s 'kʎasɨ]
buurman (de)	sąsiad (m)	['sɔ̃ɕat]
buurvrouw (de)	sąsiadka (ż)	[sɔ̃'ɕatka]
buren (mv.)	sąsiedzi (l.mn.)	[sɔ̃'ɕedʑi]

MENSELIJK LICHAAM. GENEESKUNDE

61. Hoofd

hoofd (het)	głowa (ż)	['gwɔva]
gezicht (het)	twarz (ż)	[tfaʃ]
neus (de)	nos (m)	[nɔs]
mond (de)	usta (l.mn.)	['usta]

oog (het)	oko (n)	['ɔkɔ]
ogen (mv.)	oczy (l.mn.)	['ɔtʃi]
pupil (de)	źrenica (ż)	[ʑre'nitsa]
wenkbrauw (de)	brew (ż)	[brɛf]
wimper (de)	rzęsy (l.mn.)	['ʒɛnsi]
ooglid (het)	powieka (ż)	[pɔ'veka]

tong (de)	język (m)	['enzik]
tand (de)	ząb (m)	[zɔ̃mp]
lippen (mv.)	wargi (l.mn.)	['vargi]
jukbeenderen (mv.)	kości (l.mn.) policzkowe	['kɔɕtʃi politʃ'kɔvɛ]
tandvlees (het)	dziąsło (n)	[dʒɔ̃swɔ]
gehemelte (het)	podniebienie (n)	[pɔdne'bene]

neusgaten (mv.)	nozdrza (l.mn.)	['nɔzdʒa]
kin (de)	podbródek (m)	[pɔdb'rudek]
kaak (de)	szczęka (ż)	['ʃtʃɛŋka]
wang (de)	policzek (m)	[pɔ'litʃɛk]

voorhoofd (het)	czoło (n)	['tʃowɔ]
slaap (de)	skroń (ż)	[skrɔɲ]
oor (het)	ucho (n)	['uhɔ]
achterhoofd (het)	potylica (ż)	[pɔti'litsa]
hals (de)	szyja (ż)	['ʃija]
keel (de)	gardło (n)	['gardwɔ]

haren (mv.)	włosy (l.mn.)	[vwɔsi]
kapsel (het)	fryzura (ż)	[fri'zura]
haarsnit (de)	uczesanie (n)	[utʃɛ'sane]
pruik (de)	peruka (ż)	[pɛ'ruka]

snor (de)	wąsy (l.mn.)	['vɔ̃si]
baard (de)	broda (ż)	['brɔda]
dragen (een baard, enz.)	nosić	['nɔɕitʃ]
vlecht (de)	warkocz (m)	['varkɔtʃ]
bakkebaarden (mv.)	baczki (l.mn.)	['batʃki]

ros (roodachtig, rossig)	rudy	['rudi]
grijs (~ haar)	siwy	['ɕivi]
kaal (bn)	łysy	['wisi]
kale plek (de)	łysina (ż)	[wi'ɕina]

| paardenstaart (de) | koński ogon (m) | ['kɔɲski 'ɔgɔn] |
| pony (de) | grzywka (ż) | ['gʒifka] |

62. Menselijk lichaam

| hand (de) | dłoń (ż) | [dwɔɲ] |
| arm (de) | ręka (ż) | ['rɛŋka] |

vinger (de)	palec (m)	['palets]
duim (de)	kciuk (m)	['ktʃuk]
pink (de)	mały palec (m)	['mawɨ 'palets]
nagel (de)	paznokieć (m)	[paz'nɔketʃ]

vuist (de)	pięść (ż)	[pɛ̃ctʃ]
handpalm (de)	dłoń (ż)	[dwɔɲ]
pols (de)	nadgarstek (m)	[nad'garstɛk]
voorarm (de)	przedramię (n)	[pʃɛd'ramɛ̃]
elleboog (de)	łokieć (n)	['wɔketʃ]
schouder (de)	ramię (n)	['ramɛ̃]

been (rechter ~)	noga (ż)	['nɔga]
voet (de)	stopa (ż)	['stɔpa]
knie (de)	kolano (n)	[kɔ'ʎanɔ]
kuit (de)	łydka (ż)	['wɨtka]
heup (de)	biodro (n)	['bɜdrɔ]
hiel (de)	pięta (ż)	['penta]

lichaam (het)	ciało (n)	['tʃawɔ]
buik (de)	brzuch (m)	[bʒuh]
borst (de)	pierś (ż)	[perc]
borst (de)	piersi (l.mn.)	['perci]
zijde (de)	bok (m)	[bɔk]
rug (de)	plecy (l.mn.)	['pletsi]
lage rug (de)	krzyż (m)	[kʃɨʃ]
taille (de)	talia (ż)	['taʎja]

navel (de)	pępek (m)	['pɛ̃pɛk]
billen (mv.)	pośladki (l.mn.)	[pɔc'ʎatki]
achterwerk (het)	tyłek (m)	['tiwɛk]

huidvlek (de)	pieprzyk (m)	['pepʃik]
moedervlek (de)	znamię (n)	['znamɛ̃]
tatoeage (de)	tatuaż (m)	[ta'tuaʃ]
litteken (het)	blizna (ż)	['blizna]

63. Ziekten

ziekte (de)	choroba (ż)	[hɔ'rɔba]
ziek zijn (ww)	chorować	[hɔ'rɔvatʃ]
gezondheid (de)	zdrowie (n)	['zdrɔve]
snotneus (de)	katar (m)	['katar]
angina (de)	angina (ż)	[aɲina]

| verkoudheid (de) | przeziębienie (n) | [pʃɛʒɛ̃'bene] |
| verkouden raken (ww) | przeziębić się | [pʃɛ'ʒembitʃ ɕɛ̃] |

bronchitis (de)	zapalenie (n) oskrzeli	[zapa'lɛne ɔsk'ʃɛli]
longontsteking (de)	zapalenie (n) płuc	[zapa'lɛne pwuts]
griep (de)	grypa (ż)	['gripa]

bijziend (bn)	krótkowzroczny	[krutkɔvz'rɔtʃni]
verziend (bn)	dalekowzroczny	[dalekɔvz'rɔtʃni]
scheelheid (de)	zez (m)	[zɛs]
scheel (bn)	zezowaty	[zɛzɔ'vati]
grauwe staar (de)	katarakta (ż)	[kata'rakta]
glaucoom (het)	jaskra (ż)	['jaskra]

beroerte (de)	wylew (m)	['vilef]
hartinfarct (het)	zawał (m)	['zavaw]
myocardiaal infarct (het)	zawał (m) mięśnia sercowego	['zavaw 'mɛɕɲa sɛrtsɔ'vɛgɔ]
verlamming (de)	paraliż (m)	[pa'raliʃ]
verlammen (ww)	sparaliżować	[sparali'ʒɔvatʃ]

allergie (de)	alergia (ż)	[a'lergʰja]
astma (de/het)	astma (ż)	['astma]
diabetes (de)	cukrzyca (ż)	[tsuk'ʃitsa]

| tandpijn (de) | ból (m) zęba | [buʎ 'zɛ̃ba] |
| tandbederf (het) | próchnica (ż) | [pruh'nitsa] |

diarree (de)	rozwolnienie (n)	[rɔzvɔʎ'nene]
constipatie (de)	zaparcie (n)	[za'partʃe]
maagstoornis (de)	rozstrój (m) żołądka	['rɔsstruj ʒɔ'wɔtka]
voedselvergiftiging (de)	zatrucie (n) pokarmowe	[zat'rutʃe pɔkar'mɔvɛ]
voedselvergiftiging oplopen	zatruć się	[zatrutʃ ɕɛ̃]

artritis (de)	artretyzm (m)	[art'rɛtizm]
rachitis (de)	krzywica (ż)	[kʃi'vitsa]
reuma (het)	reumatyzm (m)	[rɛu'matizm]
arteriosclerose (de)	miażdżyca (ż)	[mʲaʒ'dʒitsa]

gastritis (de)	nieżyt (m) żołądka	['neʒit ʒɔ'wɔtka]
blindedarmontsteking (de)	zapalenie (n) wyrostka robaczkowego	[zapa'lene vi'rɔstka rɔbatʃkɔ'vɛgɔ]
zweer (de)	wrzód (m)	[vʒut]

mazelen (mv.)	odra (ż)	['ɔdra]
rodehond (de)	różyczka (ż)	[ru'ʒitʃka]
geelzucht (de)	żółtaczka (ż)	[ʒuw'tatʃka]
leverontsteking (de)	zapalenie (n) wątroby	[zapa'lene vɔt'rɔbi]

schizofrenie (de)	schizofrenia (ż)	[shizɔf'rɛnʰja]
dolheid (de)	wścieklizna (ż)	[vɕtʃek'lizna]
neurose (de)	nerwica (ż)	[nɛr'vitsa]
hersenschudding (de)	wstrząs (m) mózgu	[fstʃɔ̃s 'muzgu]

| kanker (de) | rak (m) | [rak] |
| sclerose (de) | stwardnienie (n) | [stvard'nenie] |

multiple sclerose (de)	stwardnienie (n) rozsiane	[stfard'nene rɔz'ɕanɛ]
alcoholisme (het)	alkoholizm (m)	[aʎkɔ'hɔlizm]
alcoholicus (de)	alkoholik (m)	[aʎkɔ'hɔlik]
syfilis (de)	syfilis (m)	[sɨ'filis]
AIDS (de)	AIDS (m)	[ɛjts]

tumor (de)	nowotwór (m)	[nɔ'vɔtfur]
kwaadaardig (bn)	złośliwa	[zwɔɕ'liva]
goedaardig (bn)	niezłośliwa	[nezwɔɕ'liva]

koorts (de)	febra (z)	['fɛbra]
malaria (de)	malaria (z)	[ma'ʎarʲja]
gangreen (het)	gangrena (z)	[gaŋ'rɛna]
zeeziekte (de)	choroba (z) morska	[hɔ'rɔba 'mɔrska]
epilepsie (de)	padaczka (z)	[pa'datʃka]

epidemie (de)	epidemia (z)	[ɛpi'dɛmʲja]
tyfus (de)	tyfus (m)	['tifus]
tuberculose (de)	gruźlica (z)	[gruʑ'litsa]
cholera (de)	cholera (z)	[hɔ'lera]
pest (de)	dżuma (z)	['dʒuma]

64. Symptomen. Behandelingen. Deel 1

symptoom (het)	objaw (m)	['ɔbʲjaf]
temperatuur (de)	temperatura (z)	[tɛmpɛra'tura]
verhoogde temperatuur (de)	gorączka (z)	[gɔ'rɔ̃tʃka]
polsslag (de)	puls (m)	[puʎs]

duizeling (de)	zawrót (m) głowy	['zavrut 'gwɔvɨ]
heet (erg warm)	gorący	[gɔ'rɔ̃tsɨ]
koude rillingen (mv.)	dreszcz (m)	['drɛʃtʃ]
bleek (bn)	blady	['bʎadɨ]

hoest (de)	kaszel (m)	['kaʃɛʎ]
hoesten (ww)	kaszleć	['kaʃletʃ]
niezen (ww)	kichać	['kihatʃ]
flauwte (de)	omdlenie (n)	[ɔmd'lene]
flauwvallen (ww)	zemdleć	['zɛmdletʃ]

blauwe plek (de)	siniak (m)	['ɕiɲak]
buil (de)	guz (m)	[gus]
zich stoten (ww)	uderzyć się	[u'dɛʑɨtʃ ɕɛ̃]
kneuzing (de)	stłuczenie (n)	[stwut'ʃɛne]
kneuzen (gekneusd zijn)	potłuc się	['pɔtwuts ɕɛ̃]

hinken (ww)	kuleć	['kuletʃ]
verstuiking (de)	zwichnięcie (n)	[zvih'nɛ̃tʃe]
verstuiken (enkel, enz.)	zwichnąć	['zvihnɔ̃tʃ]
breuk (de)	złamanie (n)	[zwa'mane]
een breuk oplopen	otrzymać złamanie	[ɔt'ʃimatʃ zwa'mane]

snijwond (de)	skaleczenie (n)	[skalet'ʃɛne]
zich snijden (ww)	skaleczyć się	[ska'letʃitʃ ɕɛ̃]

bloeding (de)	krwotok (m)	['krfɔtɔk]
brandwond (de)	oparzenie (n)	[ɔpa'ʒɛne]
zich branden (ww)	poparzyć się	[pɔ'paʒitʃ ɕɛ̃]

prikken (ww)	ukłuć	['ukwutʃ]
zich prikken (ww)	ukłuć się	['ukwutʃ ɕɛ̃]
blesseren (ww)	uszkodzić	[uʃ'kɔdʑitʃ]
blessure (letsel)	uszkodzenie (n)	[uʃkɔ'dʑɛne]
wond (de)	rana (ż)	['rana]
trauma (het)	uraz (m)	['uras]

IJlen (ww)	bredzić	['brɛdʑitʃ]
stotteren (ww)	jąkać się	[ɔ̃katʃ ɕɛ̃]
zonnesteek (de)	udar (m) słoneczny	['udar swɔ'nɛtʃni]

65. Symptomen. Behandelingen. Deel 2

| pijn (de) | ból (m) | [buʎ] |
| splinter (de) | drzazga (ż) | ['dʐazga] |

zweet (het)	pot (m)	[pɔt]
zweten (ww)	pocić się	['pɔtɕitʃ ɕɛ̃]
braking (de)	wymiotowanie (n)	[vɨmɔtɔ'vane]
stuiptrekkingen (mv.)	drgawki (l.mn.)	['drgavki]

zwanger (bn)	ciężarna (ż)	[tʃɛ̃'ʒarna]
geboren worden (ww)	urodzić się	[u'rɔdʑitʃ ɕɛ̃]
geboorte (de)	poród (m)	['pɔrut]
baren (ww)	rodzić	['rɔdʑitʃ]
abortus (de)	aborcja (ż)	[a'bɔrtsʰja]

ademhaling (de)	oddech (m)	['ɔddɛh]
inademing (de)	wdech (m)	[vdɛh]
uitademing (de)	wydech (m)	['vidɛh]
uitademen (ww)	zrobić wydech	['zrɔbitʃ 'vidɛh]
inademen (ww)	zrobić wdech	['zrɔbitʃ vdɛh]

invalide (de)	niepełnosprawny (m)	[nepɛwnɔsp'ravni]
gehandicapte (de)	kaleka (m, ż)	[ka'leka]
drugsverslaafde (de)	narkoman (m)	[nar'kɔman]

doof (bn)	niesłyszący, głuchy	[neswɨ'ʃɔ̃tsi], ['gwuhɨ]
stom (bn)	niemy	['nemi]
doofstom (bn)	głuchoniemy	[gwuhɔ'nemi]

krankzinnig (bn)	zwariowany	[zvarʰɔ'vani]
krankzinnige (man)	wariat (m)	['varʰjat]
krankzinnige (vrouw)	wariatka (ż)	[varʰ'jatka]
krankzinnig worden	stracić rozum	['stratʃitʃ rɔzum]

gen (het)	gen (m)	[gɛn]
immuniteit (de)	odporność (ż)	[ɔt'pɔrnɔɕtʃ]
erfelijk (bn)	dziedziczny	[dʑe'dʑitʃni]
aangeboren (bn)	wrodzony	[vrɔ'dzɔni]

virus (het)	wirus (m)	['virus]
microbe (de)	mikrob (m)	['mikrɔb]
bacterie (de)	bakteria (ż)	[bak'tɛrʲja]
infectie (de)	infekcja (ż)	[in'fɛktsʰja]

66. Symptomen. Behandelingen. Deel 3

| ziekenhuis (het) | szpital (m) | ['ʃpitaʎ] |
| patiënt (de) | pacjent (m) | ['patsʰent] |

diagnose (de)	diagnoza (ż)	[dʰjag'nɔza]
genezing (de)	leczenie (n)	[let'ʃɛne]
medische behandeling (de)	leczenie (n)	[let'ʃɛne]
onder behandeling zijn	leczyć się	['letʃitʃ ɕɛ̃]
behandelen (ww)	leczyć	['letʃitʃ]
zorgen (zieken ~)	opiekować się	[ɔpe'kovatʃ ɕɛ̃]
ziekenzorg (de)	opieka (ż)	[ɔ'peka]

operatie (de)	operacja (ż)	[ɔpɛ'ratsʰja]
verbinden (een arm ~)	opatrzyć	[ɔ'patʃitʃ]
verband (het)	opatrunek (m)	[ɔpat'runɛk]

vaccin (het)	szczepionka (m)	[ʃtʃɛ'pɔŋka]
inenten (vaccineren)	szczepić	['ʃtʃɛpitʃ]
injectie (de)	zastrzyk (m)	['zastʃik]
een injectie geven	robić zastrzyk	['rɔbitʃ 'zastʃik]

amputatie (de)	amputacja (ż)	[ampu'tatsʰja]
amputeren (ww)	amputować	[ampu'tɔvatʃ]
coma (het)	śpiączka (ż)	[ɕpɔ̃tʃka]
in coma liggen	być w śpiączce	[bitʃ f ɕpɔ̃tʃse]
intensieve zorg, ICU (de)	reanimacja (ż)	[rɛani'matsʰja]

zich herstellen (ww)	wracać do zdrowia	['vratsatʃ dɔ 'zdrɔvʲa]
toestand (de)	stan (m)	[stan]
bewustzijn (het)	przytomność (ż)	[pʃi'tɔmnɔɕtʃ]
geheugen (het)	pamięć (ż)	['pamɛ̃tʃ]

trekken (een kies ~)	usuwać	[u'suvatʃ]
vulling (de)	plomba (ż)	['plɔmba]
vullen (ww)	plombować	[plɔm'bɔvatʃ]

| hypnose (de) | hipnoza (ż) | [hip'nɔza] |
| hypnotiseren (ww) | hipnotyzować | [hipnɔti'zɔvatʃ] |

67. Geneeskunde. Medicijnen. Accessoires

geneesmiddel (het)	lekarstwo (n)	[le'karstfɔ]
middel (het)	środek (m)	['ɕrɔdɛk]
voorschrijven (ww)	zapisać	[za'pisatʃ]
recept (het)	recepta (ż)	[rɛ'tsɛpta]
tablet (de/het)	tabletka (ż)	[tab'letka]

zalf (de)	maść (ż)	[macʧ]
ampul (de)	ampułka (ż)	[am'puwka]
drank (de)	mikstura (ż)	[miks'tura]
siroop (de)	syrop (m)	['sɨrɔp]
pil (de)	pigułka (ż)	[pi'guwka]
poeder (de/het)	proszek (m)	['prɔʃɛk]

verband (het)	bandaż (m)	['bandaʃ]
watten (mv.)	wata (ż)	['vata]
jodium (het)	jodyna (ż)	[ɟ'dɨna]

pleister (de)	plaster (m)	['pʎaster]
pipet (de)	zakraplacz (m)	[zak'rapʎaʧ]
thermometer (de)	termometr (m)	[tɛr'mɔmɛtr]
spuit (de)	strzykawka (ż)	[stʃi'kafka]

| rolstoel (de) | wózek (m) inwalidzki | ['vɔzɛk inva'lidzki] |
| krukken (mv.) | kule (l.mn.) | ['kule] |

pijnstiller (de)	środek (m) przeciwbólowy	['ɕrɔdɛk pʃɛʧifbɔ'lɔvɨ]
laxeermiddel (het)	środek (m) przeczyszczający	['ɕrɔdɛk pʃɛʧɨʃʧaõtsi]
spiritus (de)	spirytus (m)	[spi'ritus]
medicinale kruiden (mv.)	zioła (l.mn.) lecznicze	[ʒi'ɔla lɛʧ'niʧɛ]
kruiden- (abn)	ziołowy	[ʒʒ'wɔvɨ]

APPARTEMENT

68. Appartement

appartement (het)	mieszkanie (n)	[meʃˈkane]
kamer (de)	pokój (m)	[ˈpɔkuj]
slaapkamer (de)	sypialnia (ż)	[siˈpʲaʎɲa]
eetkamer (de)	jadalnia (ż)	[jaˈdaʎɲa]
salon (de)	salon (m)	[ˈsalɔn]
studeerkamer (de)	gabinet (m)	[gaˈbinɛt]
gang (de)	przedpokój (m)	[pʃɛtˈpɔkuj]
badkamer (de)	łazienka (ż)	[waˈʒeŋka]
toilet (het)	toaleta (ż)	[tɔaˈleta]
plafond (het)	sufit (m)	[ˈsufit]
vloer (de)	podłoga (ż)	[pɔdˈwɔga]
hoek (de)	kąt (m)	[kɔ̃t]

69. Meubels. Interieur

meubels (mv.)	meble (l.mn.)	[ˈmɛble]
tafel (de)	stół (m)	[stɔw]
stoel (de)	krzesło (n)	[ˈkʃɛswɔ]
bed (het)	łóżko (n)	[ˈwuʃkɔ]
bankstel (het)	kanapa (ż)	[kaˈnapa]
fauteuil (de)	fotel (m)	[ˈfotɛʎ]
boekenkast (de)	biblioteczka (ż)	[bibʎɔˈtɛtʃka]
boekenrek (het)	półka (ż)	[ˈpuwka]
stellingkast (de)	etażerka (ż)	[ɛtaˈʒɛrka]
kledingkast (de)	szafa (ż) ubraniowa	[ˈʃafa ubraˈnɔva]
kapstok (de)	wieszak (m)	[ˈveʃak]
staande kapstok (de)	wieszak (m)	[ˈveʃak]
commode (de)	komoda (ż)	[kɔˈmɔda]
salontafeltje (het)	stolik (m) kawowy	[ˈstɔlik kaˈvɔvi]
spiegel (de)	lustro (n)	[ˈlystrɔ]
tapijt (het)	dywan (m)	[ˈdivan]
tapijtje (het)	dywanik (m)	[diˈvanik]
haard (de)	kominek (m)	[kɔˈminɛk]
kaars (de)	świeca (ż)	[ˈɕfetsa]
kandelaar (de)	świecznik (m)	[ˈɕfetʃnik]
gordijnen (mv.)	zasłony (l.mn.)	[zasˈwɔni]
behang (het)	tapety (l.mn.)	[taˈpɛti]

jaloezie (de)	żaluzje (l.mn.)	[ʒaˈlyzʰe]
bureaulamp (de)	lampka (ż) na stół	[ˈʎampka na stɔw]
wandlamp (de)	lampka (ż)	[ˈʎampka]
staande lamp (de)	lampa (ż) stojąca	[ˈʎampa stɔˈʲtsa]
luchter (de)	żyrandol (m)	[ʒiˈrandɔʎ]

poot (ov. een tafel, enz.)	noga (ż)	[ˈnɔga]
armleuning (de)	poręcz (ż)	[ˈpɔrɛ̃tʃ]
rugleuning (de)	oparcie (n)	[ɔˈpartʃe]
la (de)	szuflada (ż)	[ʃufˈʎada]

70. Beddengoed

beddengoed (het)	pościel (ż)	[ˈpɔɕtʃeʎ]
kussen (het)	poduszka (ż)	[pɔˈduʃka]
kussenovertrek (de)	poszewka (ż)	[pɔˈʃɛfka]
deken (de)	kołdra (ż)	[ˈkɔwdra]
laken (het)	prześcieradło (n)	[pʃɛɕtʃeˈradwɔ]
sprei (de)	narzuta (ż)	[naˈʒuta]

71. Keuken

keuken (de)	kuchnia (ż)	[ˈkuhɲa]
gas (het)	gaz (m)	[gas]
gasfornuis (het)	kuchenka (ż) gazowa	[kuˈhɛŋka gaˈzɔva]
elektrisch fornuis (het)	kuchenka (ż) elektryczna	[kuˈhɛŋka ɛlektˈritʃna]
oven (de)	piekarnik (m)	[peˈkarnik]
magnetronoven (de)	mikrofalówka (ż)	[mikrɔfaˈlyfka]

koelkast (de)	lodówka (ż)	[lɔˈdufka]
diepvriezer (de)	zamrażarka (ż)	[zamraˈʒarka]
vaatwasmachine (de)	zmywarka (ż) do naczyń	[zmɨˈvarka dɔ ˈnatʃɨɲ]

vleesmolen (de)	maszynka (ż) do mięsa	[maˈʃiŋka dɔ ˈmensa]
vruchtenpers (de)	sokowirówka (ż)	[sɔkɔviˈrufka]
toaster (de)	toster (m)	[ˈtɔstɛr]
mixer (de)	mikser (m)	[ˈmiksɛr]

koffiemachine (de)	ekspres (m) do kawy	[ˈɛksprɛs dɔ ˈkavɨ]
koffiepot (de)	dzbanek (m) do kawy	[ˈdzbanɛk dɔ ˈkavɨ]
koffiemolen (de)	młynek (m) do kawy	[ˈmwɨnɛk dɔ ˈkavɨ]

fluitketel (de)	czajnik (m)	[ˈtʃajnik]
theepot (de)	czajniczek (m)	[tʃajˈnitʃɛk]
deksel (de/het)	pokrywka (ż)	[pɔkˈrifka]
theezeefje (het)	sitko (n)	[ˈɕitkɔ]

lepel (de)	łyżka (ż)	[ˈwɨʃka]
theelepeltje (het)	łyżeczka (ż)	[wɨˈʒɛtʃka]
eetlepel (de)	łyżka (ż) stołowa	[ˈwɨʃka stɔˈwɔva]
vork (de)	widelec (m)	[viˈdɛlets]
mes (het)	nóż (m)	[nuʃ]

vaatwerk (het)	naczynia (l.mn.)	[nat'ʃɨna]
bord (het)	talerz (m)	['taleʃ]
schoteltje (het)	spodek (m)	['spɔdɛk]

likeurglas (het)	kieliszek (m)	[ke'liʃɛk]
glas (het)	szklanka (z)	['ʃkʎaŋka]
kopje (het)	filiżanka (z)	[fili'ʒaŋka]

suikerpot (de)	cukiernica (z)	[ʦuker'niʦa]
zoutvat (het)	solniczka (z)	[sɔʎ'niʧka]
pepervat (het)	pieprzniczka (z)	[pepʃ'niʧka]
boterschaaltje (het)	maselniczka (z)	[masɛʎ'niʧka]

steelpan (de)	garnek (m)	['garnɛk]
bakpan (de)	patelnia (z)	[pa'tɛʎɲa]
pollepel (de)	łyżka (z) wazowa	['wɨʃka va'zɔva]
vergiet (de/het)	durszlak (m)	['durʃʎak]
dienblad (het)	taca (z)	['taʦa]

fles (de)	butelka (z)	[bu'tɛʎka]
glazen pot (de)	słoik (m)	['swɔik]
blik (conserven~)	puszka (z)	['puʃka]

flesopener (de)	otwieracz (m) do butelek	[ɔt'feraʧ dɛ bu'tɛlek]
blikopener (de)	otwieracz (m) do puszek	[ɔt'feraʧ dɛ 'puʃɛk]
kurkentrekker (de)	korkociąg (m)	[kɔr'kɔʧɔ̃k]
filter (de/het)	filtr (m)	[fiʎtr]
filteren (ww)	filtrować	[fiʎt'rɔvaʧ]

| huisvuil (het) | odpadki (l.mn.) | [ɔt'patki] |
| vuilnisemmer (de) | kosz (m) na śmieci | [kɔʃ na 'ɕmeʧi] |

72. Badkamer

badkamer (de)	łazienka (z)	[wa'ʒeŋka]
water (het)	woda (z)	['vɔda]
kraan (de)	kran (m)	[kran]
warm water (het)	gorąca woda (z)	[gɔ'rɔ̃ʦa 'vɔda]
koud water (het)	zimna woda (z)	['ʒimna 'vɔda]

| tandpasta (de) | pasta (z) do zębów | ['pasta dɔ 'zɛ̃buʃ] |
| tanden poetsen (ww) | myć zęby | [mɨʧ 'zɛ̃bɨ] |

zich scheren (ww)	golić się	['gɔliʧ ɕɛ̃]
scheercrème (de)	pianka (z) do golenia	['pʲaŋka dɔ gɔ'leɲa]
scheermes (het)	maszynka (z) do golenia	[ma'ʃɨŋka dɔ gɔ'leɲa]

wassen (ww)	myć	[mɨʧ]
een bad nemen	myć się	['mɨʧ ɕɛ̃]
douche (de)	prysznic (m)	['prɨʃniʦ]
een douche nemen	brać prysznic	[braʧ 'prɨʃniʦ]

| bad (het) | wanna (z) | ['vaɲa] |
| toiletpot (de) | sedes (m) | ['sɛdɛs] |

wastafel (de)	zlew (m)	[zlef]
zeep (de)	mydło (n)	['mɨdwɔ]
zeepbakje (het)	mydelniczka (ż)	[mɨdɛʎ'nitʃka]

spons (de)	gąbka (ż)	['gõpka]
shampoo (de)	szampon (m)	['ʃampɔn]
handdoek (de)	ręcznik (m)	['rɛntʃnik]
badjas (de)	szlafrok (m)	['ʃʎafrɔk]

was (bijv. handwas)	pranie (n)	['prane]
wasmachine (de)	pralka (ż)	['praʎka]
de was doen	prać	[pratʃ]
waspoeder (de)	proszek (m) do prania	['prɔʃɛk dɔ 'praɲa]

73. Huishoudelijke apparaten

televisie (de)	telewizor (m)	[tɛle'vizɔr]
cassettespeler (de)	magnetofon (m)	[magnɛ'tɔfɔn]
videorecorder (de)	magnetowid (m)	[magnɛ'tɔvid]
radio (de)	odbiornik (m)	[ɔd'bɜrnik]
speler (de)	odtwarzacz (m)	[ɔtt'vaʒatʃ]

videoprojector (de)	projektor (m) wideo	[prɔ'ektɔr vi'dɛɔ]
home theater systeem (het)	kino (n) domowe	['kinɔ dɔ'mɔvɛ]
DVD-speler (de)	odtwarzacz DVD (m)	[ɔtt'vaʒatʃ di vi di]
versterker (de)	wzmacniacz (m)	['vzmatsɲatʃ]
spelconsole (de)	konsola (ż) do gier	[kɔn'sɔʎa dɔ ger]

videocamera (de)	kamera (ż) wideo	[ka'mɛra vi'dɛɔ]
fotocamera (de)	aparat (m) fotograficzny	[a'parat fotogra'fitʃni]
digitale camera (de)	aparat (m) cyfrowy	[a'parat tsif'rɔvi]

stofzuiger (de)	odkurzacz (m)	[ɔt'kuʒatʃ]
strijkijzer (het)	żelazko (n)	[ʒɛ'ʎaskɔ]
strijkplank (de)	deska (ż) do prasowania	['dɛska dɔ prasɔ'vaɲa]

telefoon (de)	telefon (m)	[tɛ'lefɔn]
mobieltje (het)	telefon (m) komórkowy	[tɛ'lefɔn kɔmur'kɔvi]
schrijfmachine (de)	maszyna (ż) do pisania	[ma'ʃina dɔ pi'saɲa]
naaimachine (de)	maszyna (ż) do szycia	[ma'ʃina dɔ 'ʃitʃa]

microfoon (de)	mikrofon (m)	[mik'rɔfɔn]
koptelefoon (de)	słuchawki (l.mn.)	[swu'hafki]
afstandsbediening (de)	pilot (m)	['pilɜt]

CD (de)	płyta CD (ż)	['pwɨta si'di]
cassette (de)	kaseta (ż)	[ka'sɛta]
vinylplaat (de)	płyta (ż)	['pwɨta]

DE AARDE. WEER

74. De kosmische ruimte

kosmos (de)	kosmos (m)	['kɔsmɔs]
kosmisch (bn)	kosmiczny	[kɔs'mitʃnɨ]
kosmische ruimte (de)	przestrzeń (ż) kosmiczna	['pʃɛstʃɛɲ kɔs'mitʃna]
wereld (de)	świat (m)	[ɕfʲat]
heelal (het)	wszechświat (m)	['fʃɛhɕfʲat]
sterrenstelsel (het)	galaktyka (ż)	[ga'ʎaktɨka]
ster (de)	gwiazda (ż)	['gvʲazda]
sterrenbeeld (het)	gwiazdozbiór (m)	[gvʲaz'dɔzbyr]
planeet (de)	planeta (ż)	[pʎa'nɛta]
satelliet (de)	satelita (m)	[satɛ'lita]
meteoriet (de)	meteoryt (m)	[mɛtɛ'ɔrɨt]
komeet (de)	kometa (ż)	[kɔ'mɛta]
asteroïde (de)	asteroida (ż)	[astɛrɔ'ida]
baan (de)	orbita (ż)	[ɔr'bita]
draaien (om de zon, enz.)	obracać się	[ɔb'ratsatʃ ɕɛ̃]
atmosfeer (de)	atmosfera (ż)	[atmɔs'fɛra]
Zon (de)	Słońce (n)	['swɔɲtsɛ]
zonnestelsel (het)	Układ (m) Słoneczny	['ukwad swɔ'nɛtʃnɨ]
zonsverduistering (de)	zaćmienie (n) słońca	[zatʃ'mene 'swɔɲtsa]
Aarde (de)	Ziemia (ż)	['ʒemʲa]
Maan (de)	Księżyc (m)	['kɕɛnʒɨts]
Mars (de)	Mars (m)	[mars]
Venus (de)	Wenus (ż)	['vɛnus]
Jupiter (de)	Jowisz (m)	[ɜviʃ]
Saturnus (de)	Saturn (m)	['saturn]
Mercurius (de)	Merkury (m)	[mɛr'kurɨ]
Uranus (de)	Uran (m)	['uran]
Neptunus (de)	Neptun (m)	['nɛptun]
Pluto (de)	Pluton (m)	['plytɔn]
Melkweg (de)	Droga (ż) Mleczna	['drɔga 'mletʃna]
Grote Beer (de)	Wielki Wóz (m)	['veʎki vus]
Poolster (de)	Gwiazda (ż) Polarna	['gvʲazda pɔ'ʎarna]
marsmannetje (het)	Marsjanin (m)	[marsʰʲjanin]
buitenaards wezen (het)	kosmita (m)	[kɔs'mita]
bovenaards (het)	obcy (m)	['ɔbtsɨ]
vliegende schotel (de)	talerz (m) latający	['taleʃ ʎataɔ̃tsɨ]
ruimtevaartuig (het)	statek (m) kosmiczny	['statɛk kɔs'mitʃnɨ]

ruimtestation (het)	stacja (z) kosmiczna	['statsʰja kɔs'mitʃna]
start (de)	start (m)	[start]
motor (de)	silnik (m)	['ɕiʎnik]
straalpijp (de)	dysza (z)	['diʃa]
brandstof (de)	paliwo (n)	[pa'livɔ]

cabine (de)	kabina (z)	[ka'bina]
antenne (de)	antena (z)	[an'tɛna]
patrijspoort (de)	iluminator (m)	[ilymi'natɔr]
zonnebatterij (de)	bateria (z) słoneczna	[ba'tɛrʰja swɔ'nɛtʃna]
ruimtepak (het)	skafander (m)	[ska'fandɛr]

gewichtloosheid (de)	nieważkość (z)	[ne'vaʃkɔɕtʃ]
zuurstof (de)	tlen (m)	[tlen]
koppeling (de)	połączenie (n)	[pɔwɔ̃t'ʃɛne]
koppeling maken	łączyć się	['wɔ̃tʃitʃ ɕɛ̃]

observatorium (het)	obserwatorium (n)	[ɔbsɛrva'tɔrʰjum]
telescoop (de)	teleskop (m)	[tɛ'leskɔp]
waarnemen (ww)	obserwować	[ɔbsɛr'vɔvatʃ]
exploreren (ww)	badać	['badatʃ]

75. De Aarde

Aarde (de)	Ziemia (z)	['ʒemʲa]
aardbol (de)	kula (z) ziemska	['kuʎa 'ʒemska]
planeet (de)	planeta (z)	[pʎa'nɛta]

atmosfeer (de)	atmosfera (z)	[atmɔs'fɛra]
aardrijkskunde (de)	geografia (z)	[gɛɔg'rafʰja]
natuur (de)	przyroda (z)	[pʃi'rɔda]

wereldbol (de)	globus (m)	['glɔbus]
kaart (de)	mapa (z)	['mapa]
atlas (de)	atlas (m)	['atʎas]

Europa (het)	Europa (z)	[ɛu'rɔpa]
Azië (het)	Azja (z)	['azʰja]
Afrika (het)	Afryka (z)	['afrika]
Australië (het)	Australia (z)	[aust'raʎja]

Amerika (het)	Ameryka (z)	[a'mɛrika]
Noord-Amerika (het)	Ameryka (z) Północna	[a'mɛrika puw'nɔtsna]
Zuid-Amerika (het)	Ameryka (z) Południowa	[a'mɛrika pɔwud'nɜva]

| Antarctica (het) | Antarktyda (z) | [antark'tida] |
| Arctis (de) | Arktyka (z) | ['arktika] |

76. Windrichtingen

| noorden (het) | północ (z) | ['puwnɔts] |
| naar het noorden | na północ | [na 'puwnɔts] |

| in het noorden | na północy | [na puw'nɔtsi] |
| noordelijk (bn) | północny | [puw'nɔtsni] |

zuiden (het)	południe (n)	[pɔ'wudne]
naar het zuiden	na południe	[na pɔ'wudne]
in het zuiden	na południu	[na pɔ'wudny]
zuidelijk (bn)	południowy	[pɔwud'nɔvi]

westen (het)	zachód (m)	['zahut]
naar het westen	na zachód	[na 'zahut]
in het westen	na zachodzie	[na za'hɔdʒe]
westelijk (bn)	zachodni	[za'hɔdni]

oosten (het)	wschód (m)	[fshut]
naar het oosten	na wschód	['na fshut]
in het oosten	na wschodzie	[na 'fshɔdʒe]
oostelijk (bn)	wschodni	['fshɔdni]

77. Zee. Oceaan

zee (de)	morze (n)	['mɔʒɛ]
oceaan (de)	ocean (m)	[ɔ'tsɛan]
golf (baai)	zatoka (ż)	[za'tɔka]
straat (de)	cieśnina (ż)	[tɕeɕ'nina]

grond (vaste grond)	ląd (m)	[lɔ̃t]
continent (het)	kontynent (m)	[kɔn'tinɛnt]
eiland (het)	wyspa (ż)	['vispa]
schiereiland (het)	półwysep (m)	[puw'visɛp]
archipel (de)	archipelag (m)	[arhi'pɛʎak]

baai, bocht (de)	zatoka (ż)	[za'tɔka]
haven (de)	port (m)	[pɔrt]
lagune (de)	laguna (ż)	[ʎa'guna]
kaap (de)	przylądek (m)	[pʂilɔ̃dɛk]

atol (de)	atol (m)	['atɔʎ]
rif (het)	rafa (ż)	['rafa]
koraal (het)	koral (m)	['kɔral]
koraalrif (het)	rafa (ż) koralowa	['rafa kɔra'lɔva]

diep (bn)	głęboki	[gwɛ̃'bɔki]
diepte (de)	głębokość (ż)	[gwɛ̃'bɔkɔɕtʃ]
diepzee (de)	otchłań (ż)	['ɔthwaɲ]
trog (bijv. Marianentrog)	rów (m)	[ruf]

| stroming (de) | prąd (m) | [prɔ̃t] |
| omspoelen (ww) | omywać | [ɔ'mivatʃ] |

| oever (de) | brzeg (m) | [bʒɛk] |
| kust (de) | wybrzeże (n) | [vib'ʒɛʒe] |

| vloed (de) | przypływ (m) | ['pʂipwif] |
| eb (de) | odpływ (m) | ['ɔtpwif] |

| ondiepte (ondiep water) | mielizna (z) | [me'lizna] |
| bodem (de) | dno (n) | [dnɔ] |

golf (hoge ~)	fala (z)	['faʎa]
golfkam (de)	grzywa (z) fali	['gʒiva 'fali]
schuim (het)	piana (z)	['pʲana]

orkaan (de)	huragan (m)	[hu'ragan]
tsunami (de)	tsunami (n)	[tsu'nami]
windstilte (de)	cisza (z) morska	['tʃiʃa 'mɔrska]
kalm (bijv. ~e zee)	spokojny	[spɔ'kɔjnɨ]

| pool (de) | biegun (m) | ['begun] |
| polair (bn) | polarny | [pɔ'ʎarnɨ] |

breedtegraad (de)	szerokość (z)	[ʃɛ'rɔkɔɕtʃ]
lengtegraad (de)	długość (z)	['dwugɔɕtʃ]
parallel (de)	równoleżnik (m)	[ruvnɔ'leʒnik]
evenaar (de)	równik (m)	['ruvnik]

hemel (de)	niebo (n)	['nebɔ]
horizon (de)	horyzont (m)	[hɔ'rizɔnt]
lucht (de)	powietrze (n)	[pɔ'vetʃɛ]

vuurtoren (de)	latarnia (z) morska	[ʎa'tarɲa 'mɔrska]
duiken (ww)	nurkować	[nur'kɔvatʃ]
zinken (ov. een boot)	zatonąć	[za'tɔɔɲtʃ]
schatten (mv.)	skarby (l.mn.)	['skarbɨ]

78. Namen van zeeën en oceanen

Atlantische Oceaan (de)	Ocean (m) Atlantycki	[ɔ'tsɛan atlan'titski]
Indische Oceaan (de)	Ocean (m) Indyjski	[ɔ'tsɛan in'dijski]
Stille Oceaan (de)	Ocean (m) Spokojny	[ɔ'tsɛan spɔ'kɔjnɨ]
Noordelijke IJszee (de)	Ocean (m) Lodowaty Północny	[ɔ'tsɛan lɔdɔ'vatɨ puw'nɔtsnɨ]

Zwarte Zee (de)	Morze (n) Czarne	['mɔʒɛ 'tʃarnɛ]
Rode Zee (de)	Morze (n) Czerwone	['mɔʒɛ tʃɛr'vɔnɛ]
Gele Zee (de)	Morze (n) Żółte	['mɔʒɛ 'ʒuwtɛ]
Witte Zee (de)	Morze (n) Białe	['mɔʒɛ 'bʲawɛ]

Kaspische Zee (de)	Morze (n) Kaspijskie	['mɔʒɛ kas'pijske]
Dode Zee (de)	Morze (n) Martwe	['mɔʒɛ 'martfɛ]
Middellandse Zee (de)	Morze (n) Śródziemne	['mɔʒɛ ɕry'dʑemnɛ]

| Egeïsche Zee (de) | Morze (n) Egejskie | ['mɔʒɛ ɛ'gejske] |
| Adriatische Zee (de) | Morze (n) Adriatyckie | ['mɔʒɛ adrʲja'titske] |

Arabische Zee (de)	Morze (n) Arabskie	['mɔʒɛ a'rabske]
Japanse Zee (de)	Morze (n) Japońskie	['mɔʒɛ ja'pɔɲske]
Beringzee (de)	Morze (n) Beringa	['mɔʒɛ bɛ'riɲa]
Zuid-Chinese Zee (de)	Morze (n) Południowochińskie	['mɔʒɛ pɔwud'nʲavɔ 'hiɲske]

Koraalzee (de)	Morze (n) Koralowe	['mɔʒɛ kɔra'lɔvɛ]
Tasmanzee (de)	Morze (n) Tasmana	['mɔʒɛ tas'mana]
Caribische Zee (de)	Morze (n) Karaibskie	['mɔʒɛ kara'ipskɛ]

| Barentszzee (de) | Morze (n) Barentsa | ['mɔʒɛ ba'rɛntsa] |
| Karische Zee (de) | Morze (n) Karskie | ['mɔʒɛ 'karskɛ] |

Noordzee (de)	Morze (n) Północne	['mɔʒɛ puw'nɔtsnɛ]
Baltische Zee (de)	Morze (n) Bałtyckie	['mɔʒɛ baw'titskɛ]
Noorse Zee (de)	Morze (n) Norweskie	['mɔʒɛ nɔr'vɛskɛ]

79. Bergen

berg (de)	góra (ż)	['gura]
bergketen (de)	łańcuch (m) górski	['waɲtsuh 'gurski]
gebergte (het)	grzbiet (m) górski	[gʒbet 'gurski]

bergtop (de)	szczyt (m)	[ʃtʃit]
bergpiek (de)	szczyt (m)	[ʃtʃit]
voet (ov. de berg)	podnóże (n)	[pɔd'nuʒɛ]
helling (de)	zbocze (n)	['zbɔtʃɛ]

vulkaan (de)	wulkan (m)	['vuʎkan]
actieve vulkaan (de)	czynny (m) wulkan	['tʃiɲɨ 'vuʎkan]
uitgedoofde vulkaan (de)	wygasły (m) wulkan	[vɨ'gaswɨ 'vuʎkan]

uitbarsting (de)	wybuch (m)	['vɨbuh]
krater (de)	krater (m)	['kratɛr]
magma (het)	magma (ż)	['magma]
lava (de)	lawa (ż)	['ʎava]
gloeiend (~e lava)	rozżarzony	[rɔzʒa'ʒɔnɨ]

kloof (canyon)	kanion (m)	['kaɲjɔn]
bergkloof (de)	wąwóz (m)	['võvus]
spleet (de)	rozpadlina (m)	[rɔspad'lina]

bergpas (de)	przełęcz (ż)	['pʃɛwɛ̃tʃ]
plateau (het)	płaskowyż (m)	[pwas'kɔvɨʃ]
klip (de)	skała (ż)	['skawa]
heuvel (de)	wzgórze (ż)	['vzguʒɛ]

gletsjer (de)	lodowiec (m)	[lɔ'dɔvets]
waterval (de)	wodospad (m)	[vɔ'dɔspat]
geiser (de)	gejzer (m)	['gɛjzɛr]
meer (het)	jezioro (m)	[e'ʒɔrɔ]

vlakte (de)	równina (ż)	[ruv'nina]
landschap (het)	pejzaż (m)	['pɛjzaʃ]
echo (de)	echo (n)	['ɛhɔ]

alpinist (de)	alpinista (m)	[aʎpi'nista]
bergbeklimmer (de)	wspinacz (m)	['fspinatʃ]
trotseren (berg ~)	pokonywać	[pɔkɔ'nɨvatʃ]
beklimming (de)	wspinaczka (ż)	[fspi'natʃka]

81

80. Bergen namen

Alpen (de)	Alpy (l.mn.)	['aʎpi]
Mont Blanc (de)	Mont Blanc (m)	[mɔn blan]
Pyreneeën (de)	Pireneje (l.mn.)	[pirɛ'nɛe]
Karpaten (de)	Karpaty (l.mn.)	[kar'pati]
Oeralgebergte (het)	Góry Uralskie (l.mn.)	['guri u'raʎske]
Kaukasus (de)	Kaukaz (m)	['kaukas]
Elbroes (de)	Elbrus (m)	['ɛʎbrus]
Altaj (de)	Ałtaj (m)	['awtaj]
Pamir (de)	Pamir (m)	['pamir]
Himalaya (de)	Himalaje (l.mn.)	[hima'lae]
Everest (de)	Mont Everest (m)	[mɔnt ɛ'vɛrɛst]
Andes (de)	Andy (l.mn.)	['andi]
Kilimanjaro (de)	Kilimandżaro (ż)	[kiliman'dʒarɔ]

81. Rivieren

rivier (de)	rzeka (m)	['ʒɛka]
bron (~ van een rivier)	źródło (n)	['zʲrudwɔ]
rivierbedding (de)	koryto (n)	[kɔ'ritɔ]
rivierbekken (het)	dorzecze (n)	[dɔ'ʒɛtʃɛ]
uitmonden in …	wpadać	['fpadaʨ]
zijrivier (de)	dopływ (m)	['dɔpwif]
oever (de)	brzeg (m)	[bʒɛk]
stroming (de)	prąd (m)	[prɔ̃t]
stroomafwaarts (bw)	z prądem	[s 'prɔ̃dɛm]
stroomopwaarts (bw)	pod prąd	[pɔt prɔ̃t]
overstroming (de)	powódź (ż)	['pɔvutʃ]
overstroming (de)	wylew (m) rzeki	['vilef 'ʒɛki]
buiten zijn oevers treden	rozlewać się	[rɔz'levaʨ ɕɛ̃]
overstromen (ww)	zatapiać	[za'tapʲaʨ]
zandbank (de)	mielizna (ż)	[me'lizna]
stroomversnelling (de)	próg (m)	[pruk]
dam (de)	tama (ż)	['tama]
kanaal (het)	kanał (m)	['kanaw]
spaarbekken (het)	zbiornik (m) wodny	['zbɔrnik 'vɔdni]
sluis (de)	śluza (ż)	['ɕlyza]
waterlichaam (het)	zbiornik (m) wodny	['zbɔrnik 'vɔdni]
moeras (het)	bagno (n)	['bagnɔ]
broek (het)	grzęzawisko (n)	[gʒɛ̃za'viskɔ]
draaikolk (de)	wir (m) wodny	[vir 'vɔdni]
stroom (de)	potok (m)	['pɔtɔk]
drink- (abn)	pitny	['pitni]

zoet (~ water)	słodki	['swɔtki]
IJs (het)	lód (m)	[lyt]
bevriezen (rivier, enz.)	zamarznąć	[za'marznɔ̃t͡ʃ]

82. Namen van rivieren

| Seine (de) | Sekwana (ż) | [sɛk'fana] |
| Loire (de) | Loara (ż) | [lɔ'ara] |

Theems (de)	Tamiza (ż)	[ta'miza]
Rijn (de)	Ren (m)	[rɛn]
Donau (de)	Dunaj (m)	['dunaj]

Wolga (de)	Wołga (ż)	['vɔwga]
Don (de)	Don (m)	[dɔn]
Lena (de)	Lena (ż)	['lena]

Gele Rivier (de)	Huang He (ż)	[hu'aŋ hɛ]
Blauwe Rivier (de)	Jangcy (ż)	['jaŋt͡sɨ]
Mekong (de)	Mekong (m)	['mɛkɔŋ]
Ganges (de)	Ganges (m)	['gaŋɛs]

Nijl (de)	Nil (m)	[niʎ]
Kongo (de)	Kongo (ż)	['kɔŋɔ]
Okavango (de)	Okawango (ż)	[ɔka'vaŋɔ]
Zambezi (de)	Zambezi (ż)	[zam'bɛzi]
Limpopo (de)	Limpopo (ż)	[lim'pɔpɔ]
Mississippi (de)	Mississipi (ż)	[missis'sipi]

83. Bos

| bos (het) | las (m) | [ʎas] |
| bos- (abn) | leśny | ['lɛɕnɨ] |

oerwoud (dicht bos)	gąszcz (ż)	[gɔ̃ʃt͡ʃ]
bosje (klein bos)	gaj (m), lasek (m)	[gaj], ['ʎasɛk]
open plek (de)	polana (ż)	[pɔ'ʎana]

| struikgewas (het) | zarośla (l.mn.) | [za'rɔɕʎa] |
| struiken (mv.) | krzaki (l.mn.) | ['kʃaki] |

| paadje (het) | ścieżka (ż) | ['ɕt͡ʃeʃka] |
| ravijn (het) | wąwóz (m) | ['võvus] |

boom (de)	drzewo (n)	['dʒɛvɔ]
blad (het)	liść (m)	[liɕt͡ʃ]
gebladerte (het)	listowie (n)	[lis'tɔve]

vallende bladeren (mv.)	opadanie (n) liści	[ɔpa'dane 'liɕt͡ʃi]
vallen (ov. de bladeren)	opadać	[ɔ'padat͡ʃ]
boomtop (de)	wierzchołek (m)	[veʃ'howɛk]
tak (de)	gałąź (ż)	['gawɔ̃ɕ]

ent (de)	sęk (m)	[sɛ̃k]
knop (de)	pączek (m)	['põtʃɛk]
naald (de)	igła (ż)	['igwa]
dennenappel (de)	szyszka (ż)	['ʃiʃka]

boom holte (de)	dziupla (ż)	['dʒypʎa]
nest (het)	gniazdo (n)	['gɲazdɔ]
hol (het)	nora (ż)	['nɔra]

stam (de)	pień (m)	[peɲ]
wortel (bijv. boom~s)	korzeń (m)	['kɔʒɛɲ]
schors (de)	kora (ż)	['kɔra]
mos (het)	mech (m)	[mɛh]

ontwortelen (een boom)	karczować	[kart'ʃɔvatʃ]
kappen (een boom ~)	ścinać	['ɕtʃinatʃ]
ontbossen (ww)	wycinać	[vi'tʃinatʃ]
stronk (de)	pieniek (m)	['penek]

kampvuur (het)	ognisko (n)	[ɔg'niskɔ]
bosbrand (de)	pożar (m)	['pɔʒar]
blussen (ww)	gasić	['gaɕitʃ]

boswachter (de)	leśnik (m)	['leɕnik]
bescherming (de)	ochrona (ż)	[ɔh'rɔna]
beschermen	chronić	['hrɔnitʃ]
(bijv. de natuur ~)		
stroper (de)	kłusownik (m)	[kwu'sɔvnik]
val (de)	potrzask (m)	['pɔtʃask]

| plukken (vruchten, enz.) | zbierać | ['zberatʃ] |
| verdwalen (de weg kwijt zijn) | zabłądzić | [zab'wõdʒitʃ] |

84. Natuurlijke hulpbronnen

natuurlijke rijkdommen (mv.)	zasoby (l.mn.) naturalne	[za'sɔbɨ natu'raʎnɛ]
delfstoffen (mv.)	kopaliny (l.mn.) użyteczne	[kɔpa'linɨ uʒi'tɛtʃnɛ]
lagen (mv.)	złoża (l.mn.)	['zwɔʒa]
veld (bijv. olie~)	złoże (n)	['zwɔʒɛ]

winnen (uit erts ~)	wydobywać	[vidɔ'bɨvatʃ]
winning (de)	wydobywanie (n)	[vidɔbɨ'vane]
erts (het)	ruda (ż)	['ruda]
mijn (bijv. kolenmijn)	kopalnia (ż) rudy	[kɔ'paʎɲa 'rudɨ]
mijnschacht (de)	szyb (m)	[ʃib]
mijnwerker (de)	górnik (m)	['gurnik]

| gas (het) | gaz (m) | [gas] |
| gasleiding (de) | gazociąg (m) | [ga'zɔtʃõk] |

olie (aardolie)	ropa (ż) naftowa	['rɔpa naf'tɔva]
olieleiding (de)	rurociąg (m)	[ru'rɔtʃõk]
oliebron (de)	szyb (m) naftowy	[ʃip naf'tɔvɨ]
boortoren (de)	wieża (ż) wiertnicza	['veʒa vert'nitʃa]

tanker (de)	tankowiec (m)	[ta'ŋkɔvets]
zand (het)	piasek (m)	['pʲasɛk]
kalksteen (de)	wapień (m)	['vapeɲ]
grind (het)	żwir (m)	[ʒvir]
veen (het)	torf (m)	[tɔrf]
klei (de)	glina (z)	['glina]
steenkool (de)	węgiel (m)	['vɛɲeʎ]

IJzer (het)	żelazo (n)	[ʒɛ'ʎazɔ]
goud (het)	złoto (n)	['zwɔtɔ]
zilver (het)	srebro (n)	['srɛbrɔ]
nikkel (het)	nikiel (n)	['nikeʎ]
koper (het)	miedź (z)	[metʃ]

zink (het)	cynk (m)	[tsiŋk]
mangaan (het)	mangan (m)	['maɲan]
kwik (het)	rtęć (z)	[rtɛ̃tʃ]
lood (het)	ołów (m)	['ɔwuf]

mineraal (het)	minerał (m)	[mi'nɛraw]
kristal (het)	kryształ (m)	['kriʃtaw]
marmer (het)	marmur (m)	['marmur]
uraan (het)	uran (m)	['uran]

85. Weer

weer (het)	pogoda (z)	[pɔ'gɔda]
weersvoorspelling (de)	prognoza (z) pogody	[prɔg'nɔza pɔ'gɔdi]
temperatuur (de)	temperatura (z)	[tɛmpɛra'tura]
thermometer (de)	termometr (m)	[tɛr'mɔmɛtr]
barometer (de)	barometr (m)	[ba'rɔmɛtr]

vochtigheid (de)	wilgoć (z)	['viʎgɔtʃ]
hitte (de)	żar (m)	[ʒar]
heet (bn)	upalny, gorący	[u'paʎni], [gɔ'rɔ̃tsi]
het is heet	gorąco	[gɔ'rɔ̃tsɔ]

| het is warm | ciepło | ['tʃepwɔ] |
| warm (bn) | ciepły | ['tʃepwi] |

| het is koud | zimno | ['ʒimnɔ] |
| koud (bn) | zimny | ['ʒimni] |

zon (de)	słońce (n)	['swɔɲtsɛ]
schijnen (de zon)	świecić	['ɕfetʃitʃ]
zonnig (~e dag)	słoneczny	[swɔ'nɛtʃni]
opgaan (ov. de zon)	wzejść	[vzɛjɕtʃ]
ondergaan (ww)	zajść	[zajɕtʃ]

wolk (de)	obłok (m)	['ɔbwɔk]
bewolkt (bn)	zachmurzony	[zahmu'ʒɔni]
regenwolk (de)	chmura (z)	['hmura]
somber (bn)	pochmurny	[pɔh'murni]
regen (de)	deszcz (m)	[dɛʃtʃ]

het regent	pada deszcz	['pada dɛʃʧ]
regenachtig (bn)	deszczowy	[dɛʃt'ʃovɨ]
motregenen (ww)	mżyć	[mʒɨʧ]

plensbui (de)	ulewny deszcz (m)	[u'levnɨ dɛʃʧ]
stortbui (de)	ulewa (z)	[u'leva]
hard (bn)	silny	['ɕiʎnɨ]
plas (de)	kałuża (z)	[ka'wuʒa]
nat worden (ww)	moknąć	['mɔknɔ̃ʧ]

mist (de)	mgła (z)	[mgwa]
mistig (bn)	mglisty	['mglistɨ]
sneeuw (de)	śnieg (m)	[ɕnek]
het sneeuwt	pada śnieg	['pada ɕnek]

86. Zwaar weer. Natuurrampen

noodweer (storm)	burza (z)	['buʒa]
bliksem (de)	błyskawica (z)	[bwɨska'viʦa]
flitsen (ww)	błyskać	['bwɨskaʧ]

donder (de)	grzmot (m)	[gʒmɔt]
donderen (ww)	grzmieć	[gʒmeʧ]
het dondert	grzmi	[gʒmi]

| hagel (de) | grad (m) | [grat] |
| het hagelt | pada grad | ['pada grat] |

| overstromen (ww) | zatopić | [za'tɔpiʧ] |
| overstroming (de) | powódź (z) | ['pɔvuʧ] |

aardbeving (de)	trzęsienie (n) ziemi	[ʧɛ̃'ɕene 'ʒemi]
aardschok (de)	wstrząs (m)	[fstʃɔ̃s]
epicentrum (het)	epicentrum (n)	[ɛpi'ʦɛntrum]

| uitbarsting (de) | wybuch (m) | ['vɨbuh] |
| lava (de) | lawa (z) | ['ʎava] |

wervelwind (de)	trąba (z) powietrzna	['trɔ̃ba pɔ'veʧna]
windhoos (de)	tornado (n)	[tɔr'nadɔ]
tyfoon (de)	tajfun (m)	['tajfun]

orkaan (de)	huragan (m)	[hu'ragan]
storm (de)	burza (z)	['buʒa]
tsunami (de)	tsunami (n)	[ʦu'nami]

cycloon (de)	cyklon (m)	['ʦɨklɔn]
onweer (het)	niepogoda (z)	[nepɔ'gɔda]
brand (de)	pożar (m)	['pɔʒar]
ramp (de)	katastrofa (z)	[katast'rɔfa]
meteoriet (de)	meteoryt (m)	[mɛtɛ'ɔrɨt]

| lawine (de) | lawina (z) | [ʎa'vina] |
| sneeuwverschuiving (de) | lawina (z) | [ʎa'vina] |

| sneeuwjacht (de) | zamieć (ż) | ['zamet͡ɕ] |
| sneeuwstorm (de) | śnieżyca (ż) | [ɕɲe'ʒɨt͡sa] |

FAUNA

87. Zoogdieren. Roofdieren

roofdier (het)	drapieżnik (m)	[dra'peʒnik]
tijger (de)	tygrys (m)	['tigris]
leeuw (de)	lew (m)	[lef]
wolf (de)	wilk (m)	[viʎk]
vos (de)	lis (m)	[lis]

jaguar (de)	jaguar (m)	[ja'guar]
luipaard (de)	lampart (m)	['ʎampart]
jachtluipaard (de)	gepard (m)	['gɛpart]

panter (de)	pantera (ż)	[pan'tɛra]
poema (de)	puma (z)	['puma]
sneeuwluipaard (de)	irbis (m)	['irbis]
lynx (de)	ryś (m)	[riɕ]

coyote (de)	kojot (m)	['kɔɜt]
jakhals (de)	szakal (m)	['ʃakaʎ]
hyena (de)	hiena (ż)	['hʰena]

88. Wilde dieren

| dier (het) | zwierzę (n) | ['zveʒɛ̃] |
| beest (het) | dzikie zwierzę (n) | ['dʑike 'zveʒɛ̃] |

eekhoorn (de)	wiewiórka (ż)	[ve'vyrka]
egel (de)	jeż (m)	[eʃ]
haas (de)	zając (m)	['zaõts]
konijn (het)	królik (m)	['krulik]

das (de)	borsuk (m)	['bɔrsuk]
wasbeer (de)	szop (m)	[ʃɔp]
hamster (de)	chomik (m)	['hɔmik]
marmot (de)	świstak (m)	['ɕfistak]

mol (de)	kret (m)	[krɛt]
muis (de)	mysz (ż)	[miʃ]
rat (de)	szczur (m)	[ʃtʃur]
vleermuis (de)	nietoperz (m)	[ne'tɔpɛʃ]

hermelijn (de)	gronostaj (m)	[grɔ'nɔstaj]
sabeldier (het)	soból (m)	['sɔbuʎ]
marter (de)	kuna (ż)	['kuna]
wezel (de)	łasica (ż)	[wa'ɕitsa]
nerts (de)	norka (ż)	['nɔrka]

| bever (de) | bóbr (m) | [bubr] |
| otter (de) | wydra (ż) | ['vɨdra] |

paard (het)	koń (m)	[kɔɲ]
eland (de)	łoś (m)	[wɔɕ]
hert (het)	jeleń (m)	['eleɲ]
kameel (de)	wielbłąd (m)	['veʎbwɔ̃t]

bizon (de)	bizon (m)	['bizɔn]
oeros (de)	żubr (m)	[ʒubr]
buffel (de)	bawół (m)	['bavuw]

zebra (de)	zebra (ż)	['zɛbra]
antilope (de)	antylopa (ż)	[antɨ'lɔpa]
ree (de)	sarna (ż)	['sarna]
damhert (het)	łania (ż)	['waɲa]
gems (de)	kozica (ż)	[kɔ'ʒitsa]
everzwijn (het)	dzik (m)	[dʒik]

walvis (de)	wieloryb (m)	[ve'lɔrɨp]
rob (de)	foka (ż)	['fɔka]
walrus (de)	mors (m)	[mɔrs]
zeehond (de)	kot (m) morski	[kɔt 'mɔrski]
dolfijn (de)	delfin (m)	['dɛʎfin]

beer (de)	niedźwiedź (m)	['nedʒʲvetʃ]
IJsbeer (de)	niedźwiedź (m) polarny	['nedʒʲvetʃ pɔ'ʎarnɨ]
panda (de)	panda (ż)	['panda]

aap (de)	małpa (ż)	['mawpa]
chimpansee (de)	szympans (m)	['ʃɨmpans]
orang-oetan (de)	orangutan (m)	[ɔra'ɲutan]
gorilla (de)	goryl (m)	['gɔrɨʎ]
makaak (de)	makak (m)	['makak]
gibbon (de)	gibon (m)	['gibɔn]

olifant (de)	słoń (m)	['swɔɲ]
neushoorn (de)	nosorożec (m)	[nɔsɔ'rɔʒɛts]
giraffe (de)	żyrafa (ż)	[ʒɨ'rafa]
nijlpaard (het)	hipopotam (m)	[hipɔ'pɔtam]

| kangoeroe (de) | kangur (m) | ['kaɲur] |
| koala (de) | koala (ż) | [kɔ'aʎa] |

mangoest (de)	mangusta (ż)	[ma'ɲusta]
chinchilla (de)	szynszyla (ż)	[ʃin'ʃiʎa]
stinkdier (het)	skunks (m)	[skuɲks]
stekelvarken (het)	jeżozwierz (m)	[e'ʒɔzveʃ]

89. Huisdieren

poes (de)	kotka (ż)	['kotka]
kater (de)	kot (m)	[kɔt]
hond (de)	pies (m)	[pes]

paard (het)	koń (m)	['kɔɲ]
hengst (de)	źrebak (m), ogier (m)	['ʑ'rɛbak], ['ɔgjer]
merrie (de)	klacz (ż)	[kʎatʃ]
koe (de)	krowa (ż)	['krɔva]
stier (de)	byk (m)	[bɨk]
os (de)	wół (m)	[vuw]
schaap (het)	owca (ż)	['ɔftsa]
ram (de)	baran (m)	['baran]
geit (de)	koza (ż)	['kɔza]
bok (de)	kozioł (m)	['kɔʒʒw]
ezel (de)	osioł (m)	['ɔɕʒw]
muilezel (de)	muł (m)	[muw]
varken (het)	świnia (ż)	['ɕfiɲa]
biggetje (het)	prosiak (m)	['prɔɕak]
konijn (het)	królik (m)	['krulik]
kip (de)	kura (ż)	['kura]
haan (de)	kogut (m)	['kɔgut]
eend (de)	kaczka (ż)	['katʃka]
woerd (de)	kaczor (m)	['katʃɔr]
gans (de)	gęś (ż)	[gɛ̃ɕ]
kalkoen haan (de)	indyk (m)	['indɨk]
kalkoen (de)	indyczka (ż)	[in'dɨtʃka]
huisdieren (mv.)	zwierzęta (l.mn.) domowe	[zve'ʒɛnta dɔ'mɔvɛ]
tam (bijv. hamster)	oswojony	[ɔsfɔɔni]
temmen (tam maken)	oswajać	[ɔs'fajatʃ]
fokken (bijv. paarden ~)	hodować	[hɔ'dɔvatʃ]
boerderij (de)	ferma (ż)	['fɛrma]
gevogelte (het)	drób (m)	[drup]
rundvee (het)	bydło (n)	['bɨdwɔ]
kudde (de)	stado (n)	['stadɔ]
paardenstal (de)	stajnia (ż)	['stajɲa]
zwijnenstal (de)	chlew (m)	[hlef]
koeienstal (de)	obora (ż)	[ɔ'bɔra]
konijnenhok (het)	klatka (ż) dla królików	['klatka dʎa krɔ'likɔf]
kippenhok (het)	kurnik (m)	['kurnik]

90. Vogels

vogel (de)	ptak (m)	[ptak]
duif (de)	gołąb (m)	['gɔwɔ̃p]
mus (de)	wróbel (m)	['vrubɛʎ]
koolmees (de)	sikorka (ż)	[ɕi'kɔrka]
ekster (de)	sroka (ż)	['srɔka]
raaf (de)	kruk (m)	[kruk]

kraai (de)	wrona (ż)	['vrɔna]
kauw (de)	kawka (ż)	['kafka]
roek (de)	gawron (m)	['gavrɔn]

eend (de)	kaczka (ż)	['katʃka]
gans (de)	gęś (ż)	[gɛ̃ɕ]
fazant (de)	bażant (m)	['baʒant]

arend (de)	orzeł (m)	['ɔʒɛw]
havik (de)	jastrząb (m)	['jastʃɔ̃p]
valk (de)	sokół (m)	['sɔkuw]
gier (de)	sęp (m)	[sɛ̃p]
condor (de)	kondor (m)	['kɔndɔr]

zwaan (de)	łabędź (m)	['wabɛ̃tɕ]
kraanvogel (de)	żuraw (m)	['ʒuraf]
ooievaar (de)	bocian (m)	['bɔtɕan]

papegaai (de)	papuga (ż)	[pa'puga]
kolibrie (de)	koliber (m)	[kɔ'libɛr]
pauw (de)	paw (m)	[paf]

struisvogel (de)	struś (m)	[struɕ]
reiger (de)	czapla (ż)	['tʃapʎa]
flamingo (de)	flaming (m)	['fʎamiŋ]
pelikaan (de)	pelikan (m)	[pɛ'likan]

| nachtegaal (de) | słowik (m) | ['swɔvik] |
| zwaluw (de) | jaskółka (ż) | [jas'kuwka] |

lijster (de)	drozd (m)	[drɔst]
zanglijster (de)	drozd śpiewak (m)	[drɔst 'ɕpevak]
merel (de)	kos (m)	[kɔs]

gierzwaluw (de)	jerzyk (m)	['eʒik]
leeuwerik (de)	skowronek (m)	[skɔv'rɔnɛk]
kwartel (de)	przepiórka (ż)	[pʃɛ'pyrka]

specht (de)	dzięcioł (m)	['dʑɛ̃tɕow]
koekoek (de)	kukułka (ż)	[ku'kuwka]
uil (de)	sowa (ż)	['sɔva]
oehoe (de)	puchacz (m)	['puhatʃ]
auerhoen (het)	głuszec (m)	['gwuʃɛts]
korhoen (het)	cietrzew (m)	['tɕetʃɛf]
patrijs (de)	kuropatwa (ż)	[kurɔ'patfa]

spreeuw (de)	szpak (m)	[ʃpak]
kanarie (de)	kanarek (m)	[ka'narɛk]
hazelhoen (het)	jarząbek (m)	[ja'ʒɔ̃bɛk]

| vink (de) | zięba (ż) | ['ʒɛ̃ba] |
| goudvink (de) | gil (m) | [giʎ] |

meeuw (de)	mewa (ż)	['mɛva]
albatros (de)	albatros (m)	[aʎ'batrɔs]
pinguïn (de)	pingwin (m)	['piŋvin]

91. Vis. Zeedieren

brasem (de)	leszcz (m)	[leʃtʃ]
karper (de)	karp (m)	[karp]
baars (de)	okoń (m)	['ɔkɔɲ]
meerval (de)	sum (m)	[sum]
snoek (de)	szczupak (m)	['ʃtʃupak]

zalm (de)	łosoś (m)	['wɔsɔɕ]
steur (de)	jesiotr (m)	['eɕɜtr]

haring (de)	śledź (m)	[ɕletʃ]
atlantische zalm (de)	łosoś (m)	['wɔsɔɕ]
makreel (de)	makrela (ż)	[mak'rɛla]
platvis (de)	flądra (ż)	[flɔ̃dra]

snoekbaars (de)	sandacz (m)	['sandatʃ]
kabeljauw (de)	dorsz (m)	[dɔrʃ]
tonijn (de)	tuńczyk (m)	['tuɲtʃik]
forel (de)	pstrąg (m)	[pstrɔ̃k]

paling (de)	węgorz (m)	['vɛŋɔʃ]
sidderrog (de)	drętwa (ż)	['drɛntfa]
murene (de)	murena (ż)	[mu'rɛna]
piranha (de)	pirania (ż)	[pi'raɲja]

haai (de)	rekin (m)	['rɛkin]
dolfijn (de)	delfin (m)	['dɛʎfin]
walvis (de)	wieloryb (m)	[ve'lɜrɨp]

krab (de)	krab (m)	[krap]
kwal (de)	meduza (ż)	[mɛ'duza]
octopus (de)	ośmiornica (ż)	[ɔɕmɜr'nitsa]

zeester (de)	rozgwiazda (ż)	[rɔzg'vʲazda]
zee-egel (de)	jeżowiec (m)	[e'ʒɔveʦ]
zeepaardje (het)	konik (m) morski	['kɔnik 'mɔrski]

oester (de)	ostryga (ż)	[ɔst'rɨga]
garnaal (de)	krewetka (ż)	[krɛ'vɛtka]
kreeft (de)	homar (m)	['hɔmar]
langoest (de)	langusta (ż)	[ʎa'ŋusta]

92. Amfibieën. Reptielen

slang (de)	wąż (m)	[vɔ̃ʃ]
giftig (slang)	jadowity	[jadɔ'viti]

adder (de)	żmija (ż)	['ʒmija]
cobra (de)	kobra (ż)	['kɔbra]
python (de)	pyton (m)	['pitɔn]
boa (de)	wąż dusiciel (m)	[vɔ̃ʒ du'ɕitʃeʎ]
ringslang (de)	zaskroniec (m)	[zask'rɔneʦ]

| ratelslang (de) | grzechotnik (m) | [gʒɛ'hɔtnik] |
| anaconda (de) | anakonda (ż) | [ana'kɔnda] |

hagedis (de)	jaszczurka (ż)	[jaʃt'ʃurka]
leguaan (de)	legwan (m)	['legvan]
varaan (de)	waran (m)	['varan]
salamander (de)	salamandra (ż)	[saʎa'mandra]
kameleon (de)	kameleon (m)	[kamɛ'leɔn]
schorpioen (de)	skorpion (m)	['skɔrpʰɜn]

schildpad (de)	żółw (m)	[ʒuwf]
kikker (de)	żaba (ż)	['ʒaba]
pad (de)	ropucha (ż)	[rɔ'puha]
krokodil (de)	krokodyl (m)	[krɔ'kɔdɨʎ]

93. Insecten

insect (het)	owad (m)	['ɔvat]
vlinder (de)	motyl (m)	['mɔtɨʎ]
mier (de)	mrówka (ż)	['mrufka]
vlieg (de)	mucha (ż)	['muha]
mug (de)	komar (m)	['kɔmar]
kever (de)	żuk (m), chrząszcz (m)	[ʒuk], [hʃɔ̃ʃtʃ]

wesp (de)	osa (ż)	['ɔsa]
bij (de)	pszczoła (ż)	['pʃtʃɔwa]
hommel (de)	trzmiel (m)	[tʃmeʎ]
horzel (de)	giez (m)	[ges]

| spin (de) | pająk (m) | ['paɔ̃k] |
| spinnenweb (het) | pajęczyna (ż) | [pačt'ʃina] |

libel (de)	ważka (ż)	['vaʃka]
sprinkhaan (de)	konik (m) polny	['kɔnik 'pɔʎnɨ]
nachtvlinder (de)	omacnica (ż)	[ɔmats'niʦa]

kakkerlak (de)	karaluch (m)	[ka'ralyh]
mijt (de)	kleszcz (m)	[kleʃtʃ]
vlo (de)	pchła (ż)	[phwa]
kriebelmug (de)	meszka (ż)	['mɛʃka]

treksprinkhaan (de)	szarańcza (ż)	[ʃa'raɲʧa]
slak (de)	ślimak (m)	['ɕlimak]
krekel (de)	świerszcz (m)	[ɕferʃtʃ]
glimworm (de)	robaczek (m) świętojański	[rɔ'baʧɛk ɕfɛ̃tɔ'jaɲski]
lieveheersbeestje (het)	biedronka (ż)	[bed'rɔnka]
meikever (de)	chrabąszcz (m) majowy	['hrabɔ̃ʃtʃ maʒvɨ]

bloedzuiger (de)	pijawka (ż)	[pi'jafka]
rups (de)	gąsienica (ż)	[gɔ̃ɕe'niʦa]
aardworm (de)	robak (m)	['rɔbak]
larve (de)	poczwarka (ż)	[pɔtʃ'farka]

FLORA

94. Bomen

boom (de)	drzewo (n)	['dʒɛvɔ]
loof- (abn)	liściaste	[liɕ'tʃastɛ]
dennen- (abn)	iglaste	[ig'ʎastɛ]
groenblijvend (bn)	wiecznie zielony	[vetʃnɛʒe'lɔni]
appelboom (de)	jabłoń (z)	['jabwɔɲ]
perenboom (de)	grusza (z)	['gruʃa]
zoete kers (de)	czereśnia (z)	[tʃɛ'rɛɕɲa]
zure kers (de)	wiśnia (z)	['viɕɲa]
pruimelaar (de)	śliwa (z)	['ɕliva]
berk (de)	brzoza (z)	['bʒɔza]
eik (de)	dąb (m)	[dõp]
linde (de)	lipa (z)	['lipa]
esp (de)	osika (z)	[ɔ'ɕika]
esdoorn (de)	klon (m)	['klɔn]
spar (de)	świerk (m)	['ɕferk]
den (de)	sosna (z)	['sɔsna]
lariks (de)	modrzew (m)	['mɔdʒɛf]
zilverspar (de)	jodła (z)	[ɟdwa]
ceder (de)	cedr (m)	[tsɛdr]
populier (de)	topola (z)	[tɔ'pɔʎa]
lijsterbes (de)	jarzębina (z)	[jaʒɛ̃'bina]
wilg (de)	wierzba iwa (z)	['veʒba 'iva]
els (de)	olcha (z)	['ɔʎha]
beuk (de)	buk (m)	[buk]
iep (de)	wiąz (m)	[võz]
es (de)	jesion (m)	['eɕɔn]
kastanje (de)	kasztan (m)	['kaʃtan]
magnolia (de)	magnolia (z)	[mag'nɔʎja]
palm (de)	palma (z)	['paʎma]
cipres (de)	cyprys (m)	['tsipris]
mangrove (de)	drzewo (n) mangrowe	['dʒɛvɔ maɲ'rɔvɛ]
baobab (apenbroodboom)	baobab (m)	[ba'ɔbap]
eucalyptus (de)	eukaliptus (m)	[ɛuka'liptus]
mammoetboom (de)	sekwoja (z)	[sɛk'fɔja]

95. Heesters

struik (de)	krzew (m)	[kʃɛf]
heester (de)	krzaki (l.mn.)	['kʃaki]

| wijnstok (de) | winorośl (ż) | [vi'nɔrɔɕʎ] |
| wijngaard (de) | winnica (ż) | [vi'ɲiʦa] |

frambozenstruik (de)	malina (ż)	[ma'lina]
rode bessenstruik (de)	porzeczka (ż) czerwona	[pɔ'ʒɛʧka ʧɛr'vɔna]
kruisbessenstruik (de)	agrest (m)	['agrɛst]

acacia (de)	akacja (ż)	[a'kaʦʰja]
zuurbes (de)	berberys (m)	[bɛr'bɛris]
jasmijn (de)	jaśmin (m)	['jaɕmin]

jeneverbes (de)	jałowiec (m)	[ja'wɔvɛʦ]
rozenstruik (de)	róża (ż)	['ruʒa]
hondsroos (de)	dzika róża (ż)	['ʤika 'ruʒa]

96. Vruchten. Bessen

vrucht (de)	owoc (m)	['ɔvɔʦ]
vruchten (mv.)	owoce (l.mn.)	[ɔ'vɔʦɛ]
appel (de)	jabłko (n)	['jabkɔ]
peer (de)	gruszka (ż)	['gruʃka]
pruim (de)	śliwka (ż)	['ɕlifka]

aardbei (de)	truskawka (ż)	[trus'kafka]
zure kers (de)	wiśnia (ż)	['viɕɲa]
zoete kers (de)	czereśnia (ż)	[ʧɛ'rɛɕɲa]
druif (de)	winogrona (l.mn.)	[vinɔg'rɔna]

framboos (de)	malina (ż)	[ma'lina]
zwarte bes (de)	czarna porzeczka (ż)	['ʧarna pɔ'ʒɛʧka]
rode bes (de)	czerwona porzeczka (ż)	[ʧɛr'vɔna pɔ'ʒɛʧka]

| kruisbes (de) | agrest (m) | ['agrɛst] |
| veenbes (de) | żurawina (ż) | [ʒura'vina] |

sinaasappel (de)	pomarańcza (ż)	[pɔma'raɲʧa]
mandarijn (de)	mandarynka (ż)	[manda'rɨŋka]
ananas (de)	ananas (ż)	[a'nanas]

| banaan (de) | banan (m) | ['banan] |
| dadel (de) | daktyl (m) | ['daktɨl] |

citroen (de)	cytryna (ż)	[ʦɨt'rɨna]
abrikoos (de)	morela (ż)	[mɔ'rɛʎa]
perzik (de)	brzoskwinia (ż)	[bʒɔsk'fiɲa]

| kiwi (de) | kiwi (n) | ['kivi] |
| grapefruit (de) | grejpfrut (m) | ['grɛjpfrut] |

bes (de)	jagoda (ż)	[ja'gɔda]
bessen (mv.)	jagody (l.mn.)	[ja'gɔdɨ]
vossenbes (de)	borówka (ż)	[bɔ'rufka]
bosaardbei (de)	poziomka (ż)	[pɔ'ʒɜmka]
bosbes (de)	borówka (ż) czarna	[bɔ'rɔfka 'ʧarna]

97. Bloemen. Planten

bloem (de)	kwiat (m)	[kfʲat]
boeket (het)	bukiet (m)	['buket]
roos (de)	róża (ż)	['ruʒa]
tulp (de)	tulipan (m)	[tu'lipan]
anjer (de)	goździk (m)	['gɔzʲdʒik]
gladiool (de)	mieczyk (m)	['metʃik]
korenbloem (de)	bławatek (m)	[bwa'vatɛk]
klokje (het)	dzwonek (m)	['dzvɔnɛk]
paardenbloem (de)	dmuchawiec (m)	[dmu'havets]
kamille (de)	rumianek (m)	[ru'mʲanɛk]
aloë (de)	aloes (m)	[a'lɜɛs]
cactus (de)	kaktus (m)	['kaktus]
ficus (de)	fikus (m)	['fikus]
lelie (de)	lilia (ż)	['liʎja]
geranium (de)	pelargonia (ż)	[pɛʎar'gɔɲja]
hyacint (de)	hiacynt (m)	['hʰjatsint]
mimosa (de)	mimoza (ż)	[mi'mɔza]
narcis (de)	narcyz (m)	['nartsis]
Oostindische kers (de)	nasturcja (ż)	[nas'turtsʰja]
orchidee (de)	orchidea (ż)	[ɔrhi'dɛa]
pioenroos (de)	piwonia (ż)	[pi'vɔɲja]
viooltje (het)	fiołek (m)	[fʰɜwɛk]
driekleurig viooltje (het)	bratek (m)	['bratɛk]
vergeet-mij-nietje (het)	niezapominajka (ż)	[nezapɔmi'najka]
madeliefje (het)	stokrotka (ż)	[stɔk'rɔtka]
papaver (de)	mak (m)	[mak]
hennep (de)	konopie (l.mn.)	[kɔ'nɔpje]
munt (de)	mięta (ż)	['menta]
lelietje-van-dalen (het)	konwalia (ż)	[kɔn'vaʎja]
sneeuwklokje (het)	przebiśnieg (m)	[pʃɛ'biɕnek]
brandnetel (de)	pokrzywa (ż)	[pɔk'ʃiva]
veldzuring (de)	szczaw (m)	[ʃtʃaf]
waterlelie (de)	lilia wodna (ż)	['liʎja 'vɔdna]
varen (de)	paproć (ż)	['paprɔtʃ]
korstmos (het)	porost (m)	['pɔrɔst]
oranjerie (de)	szklarnia (ż)	['ʃkʎarɲa]
gazon (het)	trawnik (m)	['travnik]
bloemperk (het)	klomb (m)	['klɜmp]
plant (de)	roślina (ż)	[rɔɕ'lina]
gras (het)	trawa (ż)	['trava]
grasspriet (de)	źdźbło (n)	[zʲdʒʲbwɔ]

blad (het)	liść (m)	['liɕʨ]
bloemblad (het)	płatek (m)	['pwatɛk]
stengel (de)	łodyga (ż)	[wɔ'diga]
knol (de)	bulwa (ż)	['buʎva]

| scheut (de) | kiełek (m) | ['kewɛk] |
| doorn (de) | kolec (m) | ['kɔlɛts] |

bloeien (ww)	kwitnąć	['kfitnɔ̃ʨ]
verwelken (ww)	więdnąć	['vendnɔ̃ʨ]
geur (de)	zapach (m)	['zapah]
snijden (bijv. bloemen ~)	ściąć	[ɕʨɔ̃ʨ]
plukken (bloemen ~)	zerwać	['zɛrvaʨ]

98. Granen, graankorrels

graan (het)	zboże (n)	['zbɔʒɛ]
graangewassen (mv.)	zboża (l.mn.)	['zbɔʒa]
aar (de)	kłos (m)	[kwɔs]

tarwe (de)	pszenica (ż)	[pʃɛ'nitsa]
rogge (de)	żyto (n)	['ʒito]
haver (de)	owies (m)	['ɔves]
gierst (de)	proso (n)	['prɔsɔ]
gerst (de)	jęczmień (m)	['entʃmɛ̃]

maïs (de)	kukurydza (ż)	[kuku'ridza]
rijst (de)	ryż (m)	[riʃ]
boekweit (de)	gryka (ż)	['grika]

erwt (de)	groch (m)	[grɔh]
boon (de)	fasola (ż)	[fa'sɔʎa]
soja (de)	soja (ż)	['sɔja]
linze (de)	soczewica (ż)	[sɔtʃɛ'vitsa]
bonen (mv.)	bób (m)	[bup]

LANDEN VAN DE WERELD

99. Landen. Deel 1

Afghanistan (het)	Afganistan (n)	[avga'nistan]
Albanië (het)	Albania (ż)	[aʎ'baɲa]
Argentinië (het)	Argentyna (ż)	[argɛn'tɨna]
Armenië (het)	Armenia (ż)	[ar'mɛɲa]
Australië (het)	Australia (ż)	[aust'raʎja]
Azerbeidzjan (het)	Azerbejdżan (m)	[azɛr'bɛjdʒan]
Bahama's (mv.)	Wyspy (l.mn.) Bahama	['vɨspɨ ba'hama]
Bangladesh (het)	Bangladesz (m)	[baŋʎa'dɛʃ]
België (het)	Belgia (ż)	['bɛʎgʰja]
Bolivia (het)	Boliwia (ż)	[bɔ'livʰja]
Bosnië en Herzegovina (het)	Bośnia i Hercegowina (ż)	['bɔɕɲa i hɛrtsɛgɔ'vina]
Brazilië (het)	Brazylia (ż)	[bra'zɨʎja]
Bulgarije (het)	Bułgaria (ż)	[buw'garʰja]
Cambodja (het)	Kambodża (ż)	[kam'bɔdʒa]
Canada (het)	Kanada (ż)	[ka'nada]
Chili (het)	Chile (n)	['tʃile]
China (het)	Chiny (l.mn.)	['hinɨ]
Colombia (het)	Kolumbia (ż)	[kɔ'lymbʰja]
Cuba (het)	Kuba (ż)	['kuba]
Cyprus (het)	Cypr (m)	[tsɨpr]
Denemarken (het)	Dania (ż)	['daɲja]
Dominicaanse Republiek (de)	Dominikana (ż)	[dɔmini'kana]
Duitsland (het)	Niemcy (l.mn.)	['nemtsɨ]
Ecuador (het)	Ekwador (m)	[ɛk'fadɔr]
Egypte (het)	Egipt (m)	['ɛgipt]
Engeland (het)	Anglia (ż)	['aŋʎja]
Estland (het)	Estonia (ż)	[ɛs'tɔɲja]
Finland (het)	Finlandia (ż)	[fin'ʎandʰja]
Frankrijk (het)	Francja (ż)	['frantsʰja]
Frans-Polynesië	Polinezja (ż) Francuska	[pɔli'nɛzʰja fran'tsuska]
Georgië (het)	Gruzja (ż)	['gruzʰja]
Ghana (het)	Ghana (ż)	['gana]
Griekenland (het)	Grecja (ż)	['grɛtsʰja]
Groot-Brittannië (het)	Wielka Brytania (ż)	['veʎka bri'taɲja]
Haïti (het)	Haiti (n)	[ha'iti]
Hongarije (het)	Węgry (l.mn.)	['vɛŋrɨ]
Ierland (het)	Irlandia (ż)	[ir'ʎandʰja]
IJsland (het)	Islandia (ż)	[is'ʎandʰja]
India (het)	Indie (l.mn.)	['indʰe]
Indonesië (het)	Indonezja (ż)	[indɔ'nɛzʰja]

Irak (het)	Irak (m)	['irak]
Iran (het)	Iran (m)	['iran]
Israël (het)	Izrael (m)	[iz'raɛʎ]
Italië (het)	Włochy (l.mn.)	['vwɔhɨ]

100. Landen. Deel 2

Jamaica (het)	Jamajka (ż)	[ja'majka]
Japan (het)	Japonia (ż)	[ja'pɔɲja]
Jordanië (het)	Jordania (ż)	[ɜr'daɲja]
Kazakstan (het)	Kazachstan (m)	[ka'zahstan]
Kenia (het)	Kenia (ż)	['kɛɲja]
Kirgizië (het)	Kirgizja (ż), Kirgistan (m)	[kir'gizʰja], [kir'gistan]
Koeweit (het)	Kuwejt (m)	['kuvɛjt]

Kroatië (het)	Chorwacja (ż)	[hɔr'vatsʰja]
Laos (het)	Laos (m)	['ʎaɔs]
Letland (het)	Łotwa (ż)	['wɔtfa]
Libanon (het)	Liban (m)	['liban]
Libië (het)	Libia (ż)	['libʰja]
Liechtenstein (het)	Liechtenstein (m)	['lihtɛnʃtajn]
Litouwen (het)	Litwa (ż)	['litfa]

Luxemburg (het)	Luksemburg (m)	['lyksɛmburk]
Macedonië (het)	Macedonia (ż)	[matsɛ'dɔɲja]
Madagaskar (het)	Madagaskar (m)	[mada'gaskar]
Maleisië (het)	Malezja (ż)	[ma'lezʰja]
Malta (het)	Malta (ż)	['maʎta]
Marokko (het)	Maroko (n)	[ma'rɔkɔ]
Mexico (het)	Meksyk (m)	['mɛksɨk]

Moldavië (het)	Mołdawia (ż)	[mɔw'davʰja]
Monaco (het)	Monako (n)	[mɔ'nakɔ]
Mongolië (het)	Mongolia (ż)	[mɔ'ŋɔʎja]
Montenegro (het)	Czarnogóra (ż)	[tʃarnɔ'gura]
Myanmar (het)	Mjanma (ż)	['mjanma]
Namibië (het)	Namibia (ż)	[na'mibʰja]
Nederland (het)	Niderlandy (l.mn.)	[nidɛr'ʎandɨ]

Nepal (het)	Nepal (m)	['nɛpaʎ]
Nieuw-Zeeland (het)	Nowa Zelandia (ż)	['nɔva zɛ'ʎandʰja]
Noord-Korea (het)	Korea (ż) Północna	[kɔ'rɛa puw'nɔtsna]
Noorwegen (het)	Norwegia (ż)	[nɔr'vɛgʰja]
Oekraïne (het)	Ukraina (ż)	[ukra'ina]
Oezbekistan (het)	Uzbekistan (m)	[uzbɛ'kistan]
Oostenrijk (het)	Austria (ż)	['austrʰja]

101. Landen. Deel 3

Pakistan (het)	Pakistan (m)	[pa'kistan]
Palestijnse autonomie (de)	Autonomia (ż) Palestyńska	[autɔ'nɔmʰja pales'tɨɲska]
Panama (het)	Panama (ż)	[pa'nama]

Paraguay (het)	Paragwaj (m)	[pa'ragvaj]
Peru (het)	Peru (n)	['pɛru]
Polen (het)	Polska (z)	['pɔʎska]
Portugal (het)	Portugalia (z)	[portu'gaʎja]
Roemenië (het)	Rumunia (z)	[ru'muɲja]

Rusland (het)	Rosja (z)	['rɔsʰja]
Saoedi-Arabië (het)	Arabia (z) Saudyjska	[a'rabʰja sau'dijska]
Schotland (het)	Szkocja (z)	['ʃkɔʦʰja]
Senegal (het)	Senegal (m)	[sɛ'nɛgaʎ]
Servië (het)	Serbia (z)	['sɛrbʰja]
Slovenië (het)	Słowenia (z)	[swɔ'vɛɲja]
Slowakije (het)	Słowacja (z)	[swɔ'vaʦʰja]
Spanje (het)	Hiszpania (z)	[hiʃ'paɲja]

Suriname (het)	Surinam (m)	[su'rinam]
Syrië (het)	Syria (z)	['sɨrʰja]
Tadzjikistan (het)	Tadżykistan (m)	[tadʒi'kistan]
Taiwan (het)	Tajwan (m)	['tajvan]
Tanzania (het)	Tanzania (z)	[tan'zaɲja]
Tasmanië (het)	Tasmania (z)	[tas'maɲja]
Thailand (het)	Tajlandia (z)	[taj'ʎandʰja]

Tsjechië (het)	Czechy (l.mn.)	['tʃɛhi]
Tunesië (het)	Tunezja (z)	[tu'nɛzʰja]
Turkije (het)	Turcja (z)	['turʦʰja]
Turkmenistan (het)	Turkmenia (z)	[turk'mɛɲja]
Uruguay (het)	Urugwaj (m)	[u'rugvaj]
Vaticaanstad (de)	Watykan (m)	[va'tikan]
Venezuela (het)	Wenezuela (z)	[vɛnɛzu'ɛʎa]
Verenigde Arabische Emiraten	Zjednoczone Emiraty Arabskie	[zʰednɔt'ʃɔnɛ ɛmi'ratɨ a'rapske]

Verenigde Staten van Amerika	Stany (l.mn.) Zjednoczone Ameryki	['stanɨ zʰednɔt'ʃɔnɛ a'mɛriki]
Vietnam (het)	Wietnam (m)	['vʰetnam]
Wit-Rusland (het)	Białoruś (z)	[bʲa'woruɕ]
Zanzibar (het)	Zanzibar (m)	[zan'zibar]
Zuid-Afrika (het)	Afryka (z) Południowa	['afrika pɔwud'nɔva]
Zuid-Korea (het)	Korea (z) Południowa	[kɔ'rɛa pɔwud'nɔva]
Zweden (het)	Szwecja (z)	['ʃfɛʦʰja]
Zwitserland (het)	Szwajcaria (z)	[ʃfaj'ʦarʰja]

www.ingramcontent.com/pod-product-compliance
Lightning Source LLC
Chambersburg PA
CBHW070818050426
42452CB00011B/2090

POOLS
WOORDENSCHAT

THEMATISCHE WOORDENLIJST

NEDERLANDS
POOLS

De meest bruikbare woorden
Om uw woordenschat uit te breiden en
uw taalvaardigheid aan te scherpen

3000 woorden

Thematische woordenschat Nederlands-Pools - 3000 woorden

Door Andrey Taranov

Woordenlijsten van T&P Books zijn bedoeld om u woorden van een vreemde taal te helpen leren, onthouden, en bestudering. Dit woordenboek is ingedeeld in thema's en behandelt alle belangrijk terreinen van het dagelijkse leven, bedrijven, wetenschap, cultuur, etc.

Het proces van het leren van woorden met behulp van de op thema's gebaseerde aanpak van T&P Books biedt u de volgende voordelen:

- Correct gegroepeerde informatie is bepalend voor succes bij opeenvolgende stadia van het leren van woorden
- De beschikbaarheid van woorden die van dezelfde stam zijn maakt het mogelijk om woordgroepen te onthouden (in plaats van losse woorden)
- Kleine groepen van woorden faciliteren het proces van het aanmaken van associatieve verbindingen, die nodig zijn bij het consolideren van de woordenschat
- Het niveau van talenkennis kan worden ingeschat door het aantal geleerde woorden

T&P Books Publishing
www.tpbooks.com

ISBN: 978-1-78492-387-7

Dit boek is ook beschikbaar in e-boek formaat.
Gelieve www.tpbooks.com te bezoeken of de belangrijkste online boekwinkels.